这样和孩子定规矩
——孩子不抵触——

王贺军 著

中国纺织出版社

内　容　提　要

俗话说"国有国法，家有家规"，"没有规矩，不成方圆"。在家庭教育中，父母也应该为孩子制订一定的行为规则，如按时吃饭、睡觉、做作业等。制订规则有助于帮助孩子形成良好的行为习惯。

本书从教育的角度，以及孩子的日常生活和学习的方方面面入手，帮助家长朋友们教导孩子如何约束行为，制订规则，相信你的孩子经过一段时间的"训练"之后，自制力一定会有所提升。

图书在版编目（CIP）数据

这样和孩子定规矩，孩子不抵触 / 王贺军著. -- 北京：中国纺织出版社，2019.1（2019.5重印）
ISBN 978-7-5180-5742-9

Ⅰ. ①这… Ⅱ. ①王… Ⅲ. ①家庭教育 Ⅳ. ①G78

中国版本图书馆CIP数据核字（2018）第285620号

责任编辑：闫　星　　特约编辑：李　杨　　责任印制：储志伟

中国纺织出版社出版发行
地址：北京市朝阳区百子湾东里A407号楼　邮政编码：100124
销售电话：010—67004422　　传真：010—87155801
http://www.c-textilep.com
E-mail: faxing@c-textilep.com
中国纺织出版社天猫旗舰店
官方微博http://weibo.com/2119887771
三河市宏盛印务有限公司印刷　各地新华书店经销
2019年1月第1版　　2019年5月第2次印刷
开本：710×1000　1/16　印张：14
字数：148千字　定价：39.80元

凡购本书，如有缺页、倒页、脱页，由本社图书营销中心调换

前言

生活中，我们经常听到一些父母抱怨："孩子越来越不听话，越大越难管了！""孩子现在习惯越来越坏了，完全不听话。""小小年纪就这样，长大还怎么管，简直是无法无天！"孩子们真是这样吗？

其实，孩子越大越难管，这是因为从小我们就没有为他们制订规矩，让他们养成良好的习惯。的确，自打孩子出生开始，他们就在试探周围的世界并且是"得寸进尺"的：你给他一颗糖果，他会要第二颗，看完一集动画片还想看下一集；如果和他一起玩游戏，他会毫不厌烦地一直玩下去；如果让他去睡觉，他会不愿意……此时，作为父母，我们一定要下定决心，给孩子划定一些界限，让他知道该做什么、不该做什么，哪些是被允许的、哪些是不被允许的。事实证明，只有按照事先定好的规矩来做事，孩子才能不断规范自己的行为，从而养成良好的生活习惯和学习习惯。

我们的孩子在逐渐成长过程中，需要理解他们周围世界的规则，他们需要别人对他们的期待；他们和别人怎么相处；他们能够把一件事做到什么程度，如果他们做得过头了，会发生什么；他们需要用一些方法来衡量自己不断增长的技巧和能力。规则在孩子"学习—发现"的过程中起着极为重要的作用。但是，如果父母的信号不明确，那么父母一心想教给孩子的东西很容易不起作用。规矩对孩子的成长，不但起着约束作用，更会使孩子得到安全感。

可是，现实中，大多数家长都是在孩子的行为习惯已经超越了界限，自己实在忍无可忍时，才会想到立规矩的重要性。在孩子小时候，家长对孩子总是宽容有加、信任有加、宠爱有加，已经给了孩子太多的"宽容"，太多的"出尔反尔"，太多的"下不为例"。很多家长都认为，等孩子再长大一点、再懂事一点，再定规矩。

事实证明，这种做法是不可取的。当家长真正意识到孩子需要定规矩教育时，对于孩子来说，规矩已经很难再发挥应有的作用了。因为，这时候，孩子已经学会和父母周旋了。一旦习惯了随心所欲，他会固执地坚持自己的想法和做法。此时，即使家长给他制订严格的规矩，严厉地对待他，他也不理会。如果家长迫不得已实施"暴力"，只能让教育变为格斗，让家里成为角斗场！

可见，为孩子制订规矩是越早越好，教育孩子的过程中，设定规矩是非常重要的一个环节。俗话说：无规矩不成方圆。只有先给孩子定下一些必要的"规矩"，才能让孩子行有示范，养成良好的习惯，能够健康成长。

本书就是从语言谈吐、生活习惯、学习习惯、与人交友、休闲娱乐、情绪管理、社交礼仪、消费理财、安全出行、公共场合等多方面，告诉家长如何既尊重孩子的天性，又不盲目地放任自流，恰当地给孩子制订规矩，从而让孩子成长在规矩之中，也让孩子在规矩中自由成长。

目 录

第01章 家庭教育不只需要爱，更需要规矩 ……………………001
  规矩先行，教育必须立规矩 ……………………002
  让规矩与爱统一，才能成就孩子的未来 ……………………004
  立规矩是培养孩子自制力的前提 ……………………007
  3~6岁，是为孩子定规矩的最佳年龄 ……………………009
  孩子这几条规矩必须从小养成 ……………………012
  为孩子立规矩要端正态度，严肃认真 ……………………015
  规矩一旦制定就要严格执行 ……………………017

第02章 立规矩讲原则，孩子就不会抵触 ……………………021
  给孩子立规矩要注意的几点原则和方法 ……………………022
  用点"理"立规矩，把道理讲清楚 ……………………025
  用真心感化孩子，让孩子放下心理包袱 ……………………027
  为孩子定规矩要明确 ……………………030
  定规矩时，家人意见要统一 ……………………033
  给孩子立规矩要注意弹性 ……………………035
  不要以成年人的标准来约束孩子 ……………………038

第03章 定规矩讲方法，实施起来更容易 ……………………041
  为孩子立规矩要营造良好氛围 ……………………042
  即使是给孩子定规矩，也不要伤害孩子尊严 ……………………045
  用孩子愿意接受的形式定规矩 ……………………049

正确解读孩子的行为，不要盲目定规矩……………………053

第04章 定学习规矩，指导孩子快乐高效学习 …………… 055

为孩子量身定制一份学习计划………………………………056
帮助孩子找到属于自己的个性学习方法……………………059
让孩子养成预复习的习惯……………………………………062
告诉孩子，作业要独立完成…………………………………065
规定孩子每天阅读10分钟……………………………………068
让孩子养成自学的习惯………………………………………070

第05章 定说话礼仪规矩，培养彬彬有礼的好孩子 …………… 075

告诉孩子尊重别人就是尊重自己……………………………076
定语言礼仪，从小培养孩子优雅的谈吐……………………079
杜绝孩子说脏话，培养出文明礼貌的孩子…………………082
及时制止孩子颐指气使、目中无人的行为…………………085
礼多人不怪，教会孩子说些礼貌话…………………………088
孩子说谎，如何定规矩杜绝…………………………………091

第06章 定生活规矩，帮孩子养成良好生活习惯 …………… 093

制定作息时间表，让孩子养成早睡早起的习惯……………094
要为年幼的孩子定饭前便后洗手的规矩……………………096
从小培养孩子"自己的事情自己做"…………………………099
引导孩子养成运动的习惯……………………………………103
鼓励孩子自己动手，培养孩子的自理能力…………………106
让孩子适当干点儿家务活……………………………………109

第07章	定交友规矩，告诉孩子如何与他人友好相处 …………… 113
	定社会交往规矩，培养受人欢迎的孩子 ……………………… 114
	让孩子明白朋友是一笔财富 ……………………………………… 117
	让孩子学会善待他人 ……………………………………………… 119
	分享让孩子更快乐，还能赢得更多友谊 ………………………… 121
	教导孩子学会真诚地道歉 ………………………………………… 124
	父母错了也要勇于向孩子道歉 …………………………………… 127
	教孩子学会谦让 …………………………………………………… 130

第08章	定安全规矩，告诉孩子要学会保护自己 ……………………… 133
	教孩子严格遵守交通规则是安全教育的第一步 ………………… 134
	提高孩子的自我保护意识 ………………………………………… 137
	教会孩子巧妙应对陌生人 ………………………………………… 139
	禁止孩子玩火 ……………………………………………………… 142
	教孩子维护自己的正当利益 ……………………………………… 144
	告诉孩子要敢于拒绝别人 ………………………………………… 145

第09章	定花钱规矩，教孩子学会有节制地花钱 ……………………… 149
	杜绝孩子花钱大手大脚 …………………………………………… 150
	父母的有求必应会让孩子花钱毫无节制 ………………………… 154
	告诉孩子要花钱，自己挣 ………………………………………… 155
	让孩子养成勤俭节约的习惯 ……………………………………… 158
	培养会花钱、精打细算的孩子 …………………………………… 161
	激发孩子储蓄的兴趣 ……………………………………………… 164

第10章 定情绪规矩，提升孩子的情绪管理能力 … 167
　　细心观察，留意孩子的情绪变化 … 168
　　制定规矩，引导孩子学会控制自己的脾气 … 170
　　别让孩子形成任性的坏毛病 … 173
　　让"胆小鬼"变得更勇敢一些 … 175
　　孩子产生生气情绪的原因有哪些 … 178
　　教导孩子掌握几点宣泄怒气的方法 … 182
　　孩子为什么总和父母对着干 … 184

第11章 定娱乐规矩，让孩子拥有一个快乐的童年 … 189
　　对孩子的兴趣爱好表示支持 … 190
　　带领孩子娱乐，丰富孩子的课余生活 … 192
　　培养孩子对学习的兴趣 … 195
　　帮孩子解开网络的束缚 … 199
　　告诉孩子学习要认真专注，不可三心二意 … 201

第12章 规矩不只是口头协议，更要落到实处 … 203
　　逐步培养孩子的规则意识 … 204
　　有规矩，就要有惩罚 … 207
　　执行规矩时，父母绝不可心软 … 210
　　"牢记错误"不是重点，"改正错误"才是目的 … 213

参考文献 … 216

第01章

家庭教育不只需要爱，更需要规矩

作为父母，我们都爱孩子，这是父母的天性，但这份爱中不仅要包含温暖与宽容，也要松紧有度，为孩子在"可以"和"不可以"之间划一条清楚的界线。培养孩子的规则意识是我们的责任，否则，宽容就变成了纵容，可以说，规矩，从什么时候开始都不会太早。有了正确的理念，才会有正确的方法。作为家长，要按照孩子的特点用孩子能够理解和接受的方式进行交流，先要理解、明白孩子的特点，然后用恰当的奖励和惩罚的方法慢慢培养孩子好的习惯。只有这样，孩子才能获得经验和教训，让规矩真正建立起来。

规矩先行，教育必须立规矩

俗话说"国有国法，家有家规"，"没有规矩，不成方圆"。在家庭教育中，父母也应该为孩子制订一定的行为规则，如按时吃饭、睡觉、做作业等，这有助于帮助孩子形成良好的行为习惯。

然而，在家庭教育中，可能很多父母认为，孩子是需要奖励而不是惩罚的，实则不然，因为有一些孩子很任性，教育他们，光靠说教根本不起作用。因此，对于他们的一些错误行为，必须采取惩罚措施。就如教育专家所说："没有惩罚的教育是不完整的教育，没有惩罚的教育是一种虚弱的、脆弱的、不负责任的教育。"

在美国，曾经有一个11岁的小男孩，他在踢球时，不小心将球直接踢到了邻居家的窗户上，打碎了邻居家的玻璃。为此，小男孩和邻居协商好，赔偿邻居13美元。对小男孩来说这可是一个不小的数字，他为此很苦恼。

最后，他决定求助于自己的父亲，但没想到的是，父亲居然让他自己想办法。

"我哪有那么多钱赔人家？"小男孩非常为难。

"我可以借给你，"父亲拿出13美元，"但一年之后你必须还我。"

于是，为了偿还父亲借给自己的13美元，小男孩必须开始艰苦的打工生活。经过半年的努力，他终于挣够了13美元这一"巨款"，还给了父亲。

这个小男孩就是日后的美国总统里根。他在回忆这件事时说："通过自己的努力来承担过失，使我懂得了什么是责任。"

故事中，年幼时的里根总统通过"足球事件"获得了成长。这个故事告诉家长，在家庭教育中，惩罚的作用是无法代替的。惩罚作为一种教育手段，一个很大的好处是：有利于让孩子从小树立对自己的行为负责的观念。社会中的每个人都必须对自己的行为负责，孩子也不例外。如果做错了事或说错了话，就必须承担自己的错误所带来的各种后果。

而让孩子养成良好的习惯，最好的方法就是制定规则。孩子犯了错，你生气、愤怒都无济于事，只有规则能让孩子对自己的行为负责，并逐渐培养孩子成熟的品质，歇斯底里地叫喊只会让孩子从情感上远离你，甚至让亲子关系变得紧张，孩子自然不会服从你的教育。当然，在给孩子制订规则时，以下几点是需要提醒父母注意的：

1.规则要明确、细致化

给孩子制订规则，一定要简单易懂，让孩子容易遵守。例如，让孩子遵守交通规则，就要让孩子知道红绿灯的作用；让孩子早睡早起，就要规定具体的时间。这样，孩子容易理解，也容易做到。另外，你最好明确告诉他违反规则会受到什么样的惩罚。

2.告诉孩子制定规则的原因

语重心长地告诉孩子为什么要早点上床睡觉，为什么要孝敬爷爷奶奶，孩子会感受到你的尊重，会认为你的话是有道理的，这样，他就会接受。因此，在制订规则的时候，父母最好能和孩子平等对话，鼓励孩子发表自己的意见，与孩子共同制订规则，这样可以使孩子有一种责任感、义务感，并自觉自愿地遵守。

3.任何规则都必须无条件执行

遵守规则就必须无条件执行，无论时间、地点是否变化，都不能例外。例如，在外面不能说脏话，那么，回家也是如此。今天需要遵守这条规则，明天也是如此。

4.父母要以身作则

所有的规则不仅仅是立给孩子的，也是父母要严格遵守、以身作则的。

孩子的成长是离不开成人的督促的。作为父母，要细心观察孩子在日常生活中的行为习惯，如果发现孩子的言行不符合规则，就应该及时提醒，并且，我们需要让孩子明白，一旦违反规则，某些惩罚就一定会降临到他身上。这样，孩子的规则意识就会在日常生活中慢慢得到强化。言必信，行必果，这句话使父母和孩子都将受益无穷。

让规矩与爱统一，才能成就孩子的未来

在家庭教育中，一些父母认为，爱孩子就要给孩子充分的自由，就要给孩子最好的东西，所以，一味地纵容，觉得"只要他喜欢就好""孩子高兴才是最重要的""这些规矩孩子长大了自然就懂"……

然而，无规矩不成方圆，孩子在小的时候，并没有明确的是非对错观和规矩意识，这需要我们通过立规矩来进行约束和提醒，而如果我们放任孩子，就会导致他们为所欲为，一个没有自制力与约束力的孩子，怎么能谈成人和成才呢？

与放任孩子形成鲜明对比的是一些父母对孩子管得过严，他们认为慈母多败儿、棍棒之下出人才，所以采取严格管制的教育方式。其实，这只会教育出唯唯诺诺、胆小怕事的孩子。

这两种观点的问题出在这些父母处理矛盾的方式不是综合考量，而是走向了极端。这种非此即彼的选择，必然会给孩子的成长造成负面影响。家长们有必要认识到：规矩和爱本来就是统一的。

在《家庭教育》一书中有这样一句话："有规矩的自由叫作活泼；没有规矩的自由叫作放肆；不放肆叫作规矩，不活泼叫作呆板。"听起来很拗口，但理解起来却不难："比如牧牛场，周围用铁栅拦起来，牛在栅里吃草喝水，东奔西跑，这叫作活泼，放牛人不好干涉它；如果跳出栅外，就是放肆，就不得不干涉。不出栅，这就是规矩；如果在栅里，却不准它吃草喝水，或是东奔西跑，如此就是呆板了。"

同样的道理，如果我们给孩子的爱，造成了孩子的自私与懒惰，让孩子缺乏最基本的能力与教养，那这种爱就是贻害无穷的。相反，如果我们给孩子立的规矩，造成了家的淡漠和冰冷，让孩子的天性受到了压抑和扼杀，那么这种规矩就是毫无意义的。毕竟家的本质是内心的归宿，需要的是真诚的关怀和亲近，需要的是人情味儿和同理心。

给孩子立规矩，以下这三点原则父母不能忽视：

1.有些事，不能惯

有家长说："家里有规矩，但孩子耍赖也没辙啊！"

这是很多家庭的通病：孩子不听父母的原则，常常以哭闹、不吃饭来要挟父母。这很大程度上是由于父母一而再、再而三地妥协。被惯坏的孩子有一个特点，就是他们的要求总是被满足。如和孩子约定好每天只玩半个小时iPad，但孩子一哭闹，父母就妥协了，于是又多玩了半个小时。

一出现问题，父母就妥协，只会为自己和孩子的将来找来更多麻烦。

2.让孩子明白，自己的事尽量自己做

有的家长认为孩子还小，做事磨蹭，先帮孩子包办了，以后再培养也来得及。

其实孩子在每个年龄段，都有他们自己力所能及的事情。家长可以根据孩子的特点，告诉孩子什么事情是他自己要做的。

爱从来不是大包大揽，教会孩子解决问题的方法，而不是帮他解决问题，这才是真正的爱。让孩子多做一些力所能及的事情，时间久了，他才会在成长中学会自立自强。

3.让孩子明白，他必须学会承担责任

绘本《我永远爱你》中有这样的对话：

阿力："如果我把枕头弄得羽毛满天飞，你还爱我吗？"

妈妈："我永远爱你，不过，你得把羽毛收拾起来。"

阿力："如果我把画画的颜料洒在妹妹身上，你还爱我吗？"

妈妈："我永远爱你，不过，你得负责给妹妹洗澡。"

这个故事中的妈妈做得特别好，她不厌其烦地保证"我永远爱你"，同时又不忘强调：孩子，你要对自己的行为负责，你要尽可能想办法解决你的所作所为带来的问题。

父母不能帮孩子逃避，而应该要求孩子为自己的错误言行承担后果，让孩子有面对错误的勇气。

作为父母，我们都爱孩子，但我们更有责任培养出孩子的好品格、好习惯，这也是我们的责任。让规矩与爱统一，才能成就孩子的未来。

立规矩是培养孩子自制力的前提

金无足赤，人无完人，人最大的敌人是自己。只有能够战胜自我的人，才是真正的强者。这就考验到人的自制力。一个有着很强的自制力的人，就像一辆有着良好制动系统的汽车一样，能够在很大程度上随心所欲，到达自己想要去的任何地方。因此，我们可以说，美好人生，就是从自我控制开始的。而生活中，人们之所以会做那些让自己后悔的事，归结起来，大多是因为自制力薄弱，抵挡不住诱惑，因此做了不该做的事。可见，任何一对父母，在教育孩子的过程中都一定要培养孩子的自控能力。让孩子学会约束自己，他才能最终战胜未来生活中的种种困难，取得成功。

自律是最难以获得的品质之一。事实上，很多孩子都很难真正控制自己。如果一个人为了一个目标，能够抵制一时的诱惑和冲动，就更有成功的可能。自制力越高的人，成事的能力越强大。难怪作家塞缪尔·斯迈尔斯说："自律自制是品格的精髓，美德的基础。"

事实上，懂得克制自己欲望的孩子的眼光是长远的，当他们成年后，对于眼前的事，他们会做出综合的考虑，考虑一下这个现在对我有没有利，5年以后有没有利，10年以后有没有利。如果小时候不控制自己，长大了就会习惯"控制不住"的状态，矫正起来比较难。

那么，如何提升孩子的自制力呢？教育专家认为，立规矩是培养孩子自制力的前提。对此，面对孩子的要求，我们需要掌握以下几个应对要点：

1.适当延迟一下满足孩子要求的时间

培养孩子的自制力，就不能对孩子太过迁就，当他们想要什么时，我们可以适当延迟一下时间，如过半个小时再来处理孩子的要求。在这个过程中，孩子的忍耐能力就无形中提高了。

2.立场要坚定，态度要温和

如果你想拒绝孩子的要求，那么，你就必须表现得立场坚定，进而让孩子明确自己的要求是无理的，但同时，你的语气必须温和，这样才是真的以理服人。

例如，孩子想买一样东西，你可以这样说："抱歉，宝贝，妈妈最近经济有些拮据，大概3天后妈妈才能拿到钱，那么，这3天妈妈必须努力工作，你能帮妈妈在这3天干点家务吗？到时候妈妈再给你一点补助，3天以后再买给你好吗？"这样态度温和地说，是要让孩子感受到："虽然妈妈没给我买，但妈妈是有原因的，妈妈也是爱我的。"

然而，很多父母在这方面做得并不好，他们一遇到孩子提出的要求不合理，就对孩子疾言厉色，甚至打骂孩子，这样既不能很好地教育孩子，又让孩子觉得你不爱他。

假若我们在教育孩子的时候态度温和，客观地看待孩子的要求，当孩子做出任何不好的举动时，也能包容和接纳，那么我们在与孩子进行任何互动时，就都能很好地把握分寸。

3.是否满足孩子要看孩子的要求是否合理

当孩子提出某个要求时，家长是否立刻满足，最重要的是看这个要求是否合理。如果家长认为孩子的这个要求是合理的，就应该马上满足；如果家长认为孩子的这个要求不合理，就一定要拒绝，但需要注意的是，你必须在拒绝他的时候告诉他原因，告诉他怎样做才是对的。

家庭教育中，每对父母都要遵循孩子的天性，但这并不意味着我们要满足孩子的所有要求。相反，为孩子定规矩，能提升孩子的自制力。这一点，需要家长在生活中加以贯彻实施，当你的孩子明白只有付出才有回报时，他也就拥有了一定的自控力。

3~6岁，是为孩子定规矩的最佳年龄

在中国，有这样一句话："三岁看大，七岁看老。"这句话是有一定根据的。美国一项最新研究显示，人的性格在童年时期的早期就能形成，从六七岁孩子身上可以预测出他成年后的一些行为。

对于这一发现，曾有这样一项研究，研究方是美国加利福尼亚大学里弗赛德分校、俄勒冈大学和俄勒冈研究所的研究人员，研究的对象是20世纪60年代夏威夷州大约2400名不同种族的一至六年级小学生。在这一研究中，这些孩子的老师根据他们在日常生活中的表现进行打分，进而对他们的性格做出一个评价。

时隔40年，研究人员找到了其中的144名学生，对他们进行深层次调查，并给研究对象接受调查时的情况录像。

研究人员主要对比4项性格特征：

是否健谈，又称语言流利度；适应性，即能否很好地适应新情况；是否易冲动、感情用事；自我贬低程度，主要看是否弱化自身的重要特质。

通过对比，研究人员发现：

40年前被认为健谈的学生，人到中年时依然有善于动脑、语言流利且喜欢掌控全局的智慧；反之，曾被认为不健谈的学生，人到中年时表现为能动性差，缺乏主见，遇事容易放弃，人际关系不如意等。

40年前被认为适应性强的学生，人到中年后乐观开朗，善于动脑，讲话流利；被认为适应性弱的学生，成年后态度消极，缺乏主见，不善于处理人际关系。

40年前被认为易冲动的学生，成年后倾向于大声说话，兴趣广泛，健谈；被认为不易冲动的学生，成年后多表现得胆小害羞，与人保持一定距离，缺乏安全感。

40年前被认为自我贬低度高的学生，成年后易内疚，喜欢寻求安慰，爱讲自己的消极面，爱表达不安全感；被认为自我贬低程度低的学生，成年后倾向于爱大声说话，善于动脑，表现出优越感。

从这一研究中，我们可以看出，童年早期的烙印对一个人的一生都具有持久深远的意义，不论是对童年、青年还是成年都是如此。等一个孩子长成了青年或成人，再要他改变自己性格的许多方面，那将是非常困难的。虽然在关爱他的人们的努力帮助下，他仍有可能改变自己的行为习惯、性格等的某些方面，但那需要时间，需要他本人和他周围的人很有耐心。

因此，童年早期正是人一生中培养真正的人性品质、态度和行为的关键阶段。在此期间，人要培养积极的情感和态度，建立良好的人际关系，学会分辨好坏，培育良知，懂得善良与公正。

对此，儿童教育学家指出，3~6岁，是为孩子定规矩的最佳年龄，6岁前的孩子正处于各项意识发展期，如果没有爸爸妈妈制定的规矩来约束他，孩子容易为所欲为，更不懂得判断自己言行是好还是坏。这样的孩子长大后将会变成一个不遵守规则的人，对于孩子的人际关系也将有非常大的影响。

的确，孩子3~6岁时，各种意识还处于萌芽和发展阶段，此时是教育孩子遵守规则的最佳时期。

作为父母，我们要认识到，即使再爱孩子，也要逐步减少一点对孩子的溺爱，在他们3~6岁这一关键阶段给他们立下严格一点的规矩，并跟着孩子一起认真地遵守，培养孩子遵守规则、自制克己的好习惯。而且，有了爸爸妈妈的陪伴，孩子也会喜欢上遵守规矩的"游戏"，在"游戏"中健康地成长起来。

孩子这几条规矩必须从小养成

对于3~6岁的孩子来说，他们年纪还小，教育过程中，与他们讲很多道理，他们并非全部都能听懂，犯错时你的道理再合适，他们也不都明白。只有让他知道，他那样做会受到惩罚，他才能记住，这就需要我们立规矩，以下是几条孩子从小就必须养成的规矩：

1.粗野、粗俗的行为和语言习惯不能有

生活中，我们发现，有一类孩子，他们总是出口成脏，语言粗鄙。良言一句三冬暖，恶语伤人六月寒，如果孩子养成不好的语言习惯，有时只是无心的一句口头禅，也会给学习和工作带来沉重的影响。还有一类孩子，喜欢使用暴力手段，强制别人服从自己的意志；用语言对他人进行攻击、胁迫，来实现自己的愿望。这样的做法是绝对不可取的！

如果孩子出现了粗俗的言行，家长应该怎么做呢？首先，要帮助孩子明辨是非，明确地告诉他："以后不能这样做了，这是粗野的行为，是要挨批评的！"然后家长要引导孩子，让孩子自己反省，想出更好的表达方式。

这样的规矩能帮助孩子调整自己的情绪，学会如何对待自己想要的东西，如何处理自己的情绪等。在这个过程中，孩子会不断地调整对事物的看法和自己的心态。等他长大后，他也会用这套模式去对待周围的人，变得更加理性、为他人着想。

2.不可随便拿他人的东西

6岁前的孩子的自我意识才刚刚萌芽，往往很难分清自己和他人，更不懂得分辨什么东西是自己的，什么东西是别人的。所以只要是喜欢的东西，他就会毫不犹豫地伸手去拿，觉得"拿到我手上就是我的了"。

对此，家长们应该有意识地帮助孩子建立自我意识，可以拿着大人的衣服和孩子的衣服告诉他："这一件是你的，这一件是爸爸的，这个是妈妈的。"

帮助孩子建立自己与他人的界限，等孩子已经能清楚地辩清自己和他人的区别的时候，家长也要刻意地多给孩子提问："这是你的吗？"让他独立地进行判断，并给他立下规矩。

这样的规矩，可以帮助孩子更好地区分"你的""我的"，知道不是自己的东西就是别人的，别人的东西不能拿，而"我的"东西一定归我支配。

这种物权概念的区分是最基本的道德和心态的基础，明白这一概念，他长大后才更懂得尊重他人。

3.不可以随意打扰别人

当孩子遇到好的事情，如受到老师表扬了、交到一位新朋友等，总会很兴奋地想要告诉爸爸妈妈，无论爸爸妈妈在做什么事情他们都会毫不犹豫地打断。

而现在许多父母都是"孩子第一"，所以常常允许孩子在任何时候打扰自己，而且会高兴地回应孩子。这样的态度容易让孩子养成不顾一切打扰别人的习惯，长大以后可能会以自我为中心，很难在集体中生活。

如果发现孩子有这样的坏习惯，家长要在平时生活中有意识地帮他改正，如可以告诉他："随便打扰别人是很不礼貌的，你想想，如果你在睡觉，小朋友老是过来跟你说话，你会高兴吗？"

用心平气和的引导让孩子学会换位思考，让他知道被别人打扰是很不开心的事情，然后再给他立下规矩。这样的规矩能让孩子学会尊重他人，让他懂得当别人在忙的时候不应该去打扰别人，而且孩子在这个过程中学会了换位思考，也会变得更加善解人意，这样更容易交到好朋友。

4.做错事要道歉，并且有权利要求他人道歉

父母疼爱孩子，总觉得孩子还小，处处让着他，就算孩子犯错不道歉，父母也会一心软就原谅他了。这样的处理方法，会让孩子觉得"做错事也没什么大不了的，反正爸爸妈妈都会原谅我"，孩子没有了约束，难免会为所欲为，犯更多更严重的错误。

从小就要教孩子，做了错事要道歉，这样才是懂礼貌的好孩子！在孩子犯错的时候，除了教育他之外，可以要求孩子对自己说一声对不起，如果是父母错怪孩子了，也要向他道歉，给孩子树立一个好榜样，跟孩子一起遵守规矩。

这样的规矩能让孩子学会礼貌待人，诚实地面对并且有勇气主动承认错误。在这个过程中，孩子学会了反省自己，也开始懂得维护自己的权利了。

当然，在立规矩的时候，家长要以身作则，要求孩子做到的自己要先做到，树立榜样。如果孩子做不到，该惩罚就得惩罚，惩罚完要告诉他哪里做错了，一定要让他自己重复一遍什么地方做错了，做错的原因，这样他才能记住。

为孩子立规矩要端正态度，严肃认真

"无规矩不成方圆"，规矩对孩子的成长非常重要，影响着他们的生活与学习。通常，家长都认为规矩就是对孩子的要求，是对他们的一种控制与约束。其实规矩对孩子来说还是一种指引，能够带给他们安全感与力量。

可以说，给孩子立规矩是父母应该尽的职责。对孩子来说，立规矩则是一件十分必要的事情。然而，我们需要注意的一点是，规矩不是随便立就能成功的，更不是玩笑话，而是需要事先准备且严肃认真的。一般来说，随便给孩子立规矩，又没有好的态度与方法的话，立规矩这件事就会不了了之，更别说成功地给孩子立规矩了。

小杰的爸爸给他买了一个iPad，爸爸规定小杰每天只能玩半小时。

这天，小杰玩了20多分钟的iPad，玩乐的时间似乎太容易过去，很快半小时就到了，爸爸来关iPad，可小杰就是不放下。无奈，小杰的妈妈连忙去找了一件电子玩具拿给他，可是小杰还是不乐意，妈妈过来哄他："小杰，长时间玩iPad不好，乖，放下吧！"

"不行，我才玩一会儿！"

"你已经玩了半小时了！"

"不行！"

"小杰，不是规定了你每天只能玩半小时吗？你已经玩得差不多了！怎么能不守规矩呢？"

爸爸准备从小杰手上把iPad夺过来，小杰马上哭了，爸爸只好说：

"行，那你再玩会儿吧。"

爸爸规定小杰每天只能玩半小时的iPad，可他玩起来却没完没了，显然，这是小杰在破坏爸爸制定的规矩。可见，父母给孩子立规矩，一定要言行一致，让孩子严格地执行。不然，就给了孩子破坏规矩的机会。给孩子立规矩时，一些父母言行不一致，这看似是方法有问题，实则是态度有问题，即没有做好准备，就匆匆给孩子立规矩。

那么，父母在给孩子立规矩时，要有怎样的态度呢？

1.不要随便给孩子定规矩

给孩子立规矩时，如果态度过于随便，今天让孩子守规矩，明天孩子不守规矩也随他，这就亵渎了规矩的神圣性，从而让规矩丧失了强制性。如此立规矩，注定会以失败告终。

2.明确告诉孩子为什么要立规矩

很多父母都有过这样的体会，孩子在家不太听话，非常难管，父母要求他做的事要三番五次地催他，他才勉强做得到，可是入园或入学之后，进入到集体生活中时，孩子却变得非常乖，非常懂事起来，到底老师有什么魔法让孩子变得听话了呢？那就是规矩！孩子还是那个孩子，只是他明白了只有守纪律，才能被认可，才会得到老师的夸奖与肯定，哪个孩子不希望被认可呢？即使他年龄再小，也会有这方面的需求。这时孩子的心理需求和行为便会统一起来，也就适时地遵守了规矩，所以有心要立规矩的父母，一定要用你最充分的理由告诉孩子立规矩的目的。

3.做好充足的心理准备

在给孩子立规矩前，很多父母都没有做好充足的心理准备，以为立规矩是很容易的事，没有预想到立规矩过程中可能遇到的困难。因而，一遇到困难就不知所措，甚至任其半途而废。

给孩子立规矩，不可匆匆上阵和孩子交锋。最好的做法是，没有充分准备好，不要开始立规矩，宁可让孩子这次先得逞了，也不要匆忙开始。否则，不仅这个规矩立不好，以后再给孩子立其他规矩，也会变得更为困难。

总之，在孩子长到一定年龄时，适时立规矩是非常必要的。幼年的孩子就像张白纸，任成长的岁月在这张纸上一笔笔描绘。他的一切都是新的，包括他以后会按什么轨迹走下去。所以孩子需要一个正确的成长指南，不过，我们父母需要明确一点，真正的规矩是根据自家的实际情况与孩子的自身条件来制定相应的准则。要把这些规矩默默立在心里，当作今后的行为规范来遵守。其实要想给孩子立规矩，让规矩执行下去，首先需要父母摆正态度，严肃认真。

规矩一旦制定就要严格执行

我们知道，在家庭教育中，规矩是帮助孩子成长的必要手段，立规矩，实际上就是定立一个人的行为规范的原则，规则的重要性已经毋庸置疑。定规矩不难，难就难在能否坚定地执行，对此，我们要明白，规矩一旦设立，就不再需要过多的解释，而是要切实执行。父母这时候采取奖惩措施非常重要。最好能把奖惩的后果与孩子的切身利益联系在一起，如不能出去玩、不能看喜欢的电视节目、不能吃爱吃的东西等。同时，奖惩要及时，很长时间以后再兴之所至地"秋后算总账"，不仅不能起到教育作用，还会让孩子觉得家长是借题发挥，我们先来看下面的故事：

辉辉今年6岁，刚上小学，开学前，爸爸妈妈和就辉辉约定好，开学后，由辉辉自己来洗袜子，辉辉也爽快地答应了。

周末这天，辉辉在客厅看动画片，妈妈看到放在卧室的脏袜子，就催辉辉起来洗，谁知道辉辉说："我不想动，不想洗。"

妈妈："可是这是你自己制定的规定，快起来洗了。"

辉辉："我的好妈妈，我今天好累，好不容易放假休息，从下个月开始再我自己负责洗行吗？"

妈妈无奈地答应，然后自己去了卧室拿脏袜子。

这里，辉辉妈妈的做法很明显不妥，默认孩子对于规则的破坏，规矩就如形同虚设，孩子势必会变本加厉地破坏，而再与孩子重新定规矩就难上加难了。

一些家长也许会问，该如何让孩子执行规矩呢？以下是几点原则和方法：

1.与孩子一起制定规矩，家庭成员之间互相监督

一个家庭的规矩，是给家庭每个成员定的，要遵守平等、尊重的原则，要让孩子觉得公平，而非针对他一个人。首先我们要对孩子充满信心，对所有定立的规矩，不仅大人可以坚持做到，孩子也是一样。让孩子坐下来和我们一起商量规矩应该在哪些方面制定，具体应该做到哪

些。让孩子参与的过程，实际上是孩子形成正确思维的过程，只要形成正确思维，在规矩实施时，只需要加深印象就行。另外，也让他对其他家庭成员进行监督，这会让他觉得公平，从而让他有坚持不懈的信心。这样，一家人就可以互相监督，形成良好的生活习惯和规则意识。

2.告诉孩子执行规矩无一例外

立下的规矩，无论时间地点场合，都要遵守，如在家不许随地吐痰，在外边也不许。而不是今天这个样子，明天那个样子，在家一套，在外边一套。这样只会让孩子糊涂，无所适从。所有的规矩都不仅仅是立给孩子的，父母也要严格遵守，以身作则。例如，要让孩子规律进食，父母自己就要在饭桌上举止规范，不挑食，不浪费。要让孩子懂礼貌，父母自己就要对所有的人——包括自己的孩子以及其他所有的孩子——使用文明用语。

3.偶尔"放宽政策"

例如，以零食代替正餐、中午看一场电视、晚睡一个小时等会减轻压力，让孩子更加自觉地遵守规矩。相信孩子，不要以为偶尔的一次"放纵"就会养成什么坏习惯（从数学角度来看，一次不足以称为习惯；习惯是多次积累的后果）。有些事情，可以放手让孩子亲自体会一下"放纵"的后果。

冬天快到了，但是妞妞非要吃冰激凌，妞妞妈并没有反对，她只是告诉妞妞冷饮吃多了会不舒服，妞妞不理解。妞妞妈妈就依着她周末两天每天吃两次，一个星期过后，她开始咳嗽、流鼻涕，还吐了两次清水，说难受、不舒服。妞妞妈告诉她这就是冷饮吃多了的后果。从那以后，妞妞再也没有要求过一天吃两次冷饮，而是主动约束自己，只吃一次。

的确，有些事情，规劝不管用时可以换一种办法，不一定正面要求。例如孩子爱吃肉，不爱吃青菜。无论我们如何劝他吃青菜，告诉他吃青菜的好处，他就是咽不下去。这种情况下，我们可以经常做一些带青菜馅儿的食品，如包子、饺子等，以此种方式让孩子进食青菜。或者，吃饭的时候，我们自己吃青菜吃得津津有味，让他看着眼馋。这时他也许会主动要求吃一些，并对我们讲道理："吃了这个菜，我就身体就健康了，没病了，还长高了"。

4.多从孩子的角度出发立规矩

给孩子立规矩是为了让他们的生活更加和谐有序，而不是为了约束他们。所以家长在给孩子立规矩时应多从孩子的角度出发，了解他们的本意。有时孩子的错误行为并非带有恶意，如果孩子一犯错家长就劈头盖脸地批评，只会刺激他们的情绪，让他们不愿接受规矩。此时家长应表明对他们的理解，同时告诉他们做错了事就应该接受惩罚，以后不要再犯类似的错误。

孩子是天马行空的，即便家长准备了很多"招数"，孩子也可能不按套路"出牌"，搞得家长哭笑不得。给孩子立规矩并非一蹴而就，需要家长的言传身教，一点点渗透。在给孩子立规矩的道路上，家长们都应清楚一点：立规矩是为了让他们拥有更好的人生，而不是为了惩罚与约束。

第02章

立规矩讲原则，孩子就不会抵触

每个家庭都有家规，它是所谓"家庭文化"的一部分，是无形中形成的。家长对孩子的教养态度、教育理念对孩子的发展有很大影响。家规定得好，孩子也更容易成功。但是，在立规矩时，如果父母的信号不明确，其一心想教给孩子的东西很容易不起作用，因此，我们需要掌握立规矩的一些原则。让孩子心服口服地接受规矩，规矩才能起到真的作用。那么，哪些原则是我们立规矩时必须掌握的呢？接下来我们来了解下。

给孩子立规矩要注意的几点原则和方法

随着孩子一天一天长大,孩子需要理解他们周围世界的规则,如他们需要别人对他们的期待;他们和别人怎么相处;他们能够把一件事做到什么程度,如果他们做得过头了,会发生什么;他们需要用一些方法来衡量自己不断增长的技巧和能力。规则在孩子成长的过程中起着至关重要的作用,但是,如果父母的信号不明确,其一心想教给孩子的东西很容易不起作用。规矩对孩子的成长,不但起着约束作用,更会使孩子得到安全感。

那么,我们该如何给孩子立规矩呢?这需要我们掌握以下几点原则:

1.信号要明确

给孩子立规矩时要求一定要明确,不能含糊不定。例如出门前孩子总是拖沓,家长不要说"你快点,再不出发就赶不上车了"。这样说孩子并不清楚到底时间有多紧张,也不清楚应该快到几分钟搞定。家长可以这样说:"妈妈再给你5分钟,5分钟不能出发咱们就来不及了,就不用去了。"这样说孩子对规矩的要求更明确,效率也会更高。

2.让孩子清楚你的态度

当孩子犯错时,家长首先要让孩子清楚你的态度,告诉他这种行为你不会允许。只有这样他们才能在第一时间清楚自己做错了事，避免这种行为成了习惯，那时再纠正就没那么简单了。

3.要就事论事，别轻易给孩子贴标签

"告诉你不许光脚下床，你怎么不听话！"当孩子没有听从家长的"规矩"时，大多数家长想到的就是批评孩子，对孩子进行否定。"你不听话""你不懂事"等语句常常会出现。

还有一些家长会这样说："你从生下来就给我找麻烦。"这样的话会使孩子把自己和坏孩子连同起来，从而丧失信心。"既然我生下来就这样，那我也就只能这样了，还有什么要改的？"

家长需要否定的是行为，而不是给孩子贴上否定的标签，如可以说："光脚下床会着凉，你应该穿上鞋再下来。"这样一来既让孩子清楚了自己行为不对，也清楚地说明了这样做的后果及应该如何做。

4.规矩一定要简单易懂，让孩子容易遵守

小孩子的理解能力没有那么强，自我控制能力也不强，给他立十分复杂艰难的规矩，非但不能够让他遵守，反而会让他糊涂；要把道理讲清楚，而不是简单粗暴地命令孩子，更不要以势压人——"你听我的！我说了算！"不要以为孩子小，什么都不懂，你讲的道理也许他一时不能够完全领会，但是你平和的语气和尊重他的态度，会让他信任你的判断，顺从你的要求。对实在复杂或者讲不明白的道理，应该和蔼地告诉孩子"这是这里的规定"，或者"这是咱们家的规矩，所有的人都要遵守的"。

5.以身作则，不要随意打破规矩

规矩不只是针对孩子定立的，同时也适用于家长，家长首先应以身作则，给孩子树立一个正确的榜样。例如想要孩子懂礼貌，首先家长就应管好自己的嘴。同时立好的规矩不要随意打破，如果今天要求孩子这样，明天又要求孩子那样，或者说一套做一套，孩子也会糊涂，不知道自己应该怎样做，对规矩的遵守力也会降低。

6.惩罚一定要及时且切实可行

孩子的长期记忆比较差。早上吃饭慢这件事，到晚上他很可能早就忘了，家长实际上也没必要再说。此外，对孩子的惩罚要切实可行。如果父母的话对孩子是个不切实际的威胁，那么这个威胁对孩子不起什么警告作用，所以立规矩的时候最好能把孩子不遵守规矩的后果明确告诉他。例如，孩子吃饭磨时间，家长一起床就要告诉他：30分钟吃完，否则端走。吃饭中途，可以提醒他一次，告诉他还有多长时间。还可以添加一些额外的条件，如按时吃完，给点奖励；不按时吃完，取消某个优惠。

7.不要以成年人的行为准则来规范约束孩子

我们要多从孩子的角度出发，感受孩子的内心世界，不要把孩子的一些淘气行为统统斥责为"犯错误"。例如，在他看来，向你身上泼水或许是件非常好玩儿的事情，理解了孩子，你就不会恼火，然后你可以和缓地告诉他，"我知道这样挺好玩儿的，但是我不喜欢你这样做，衣服湿了会让我不舒服，请你不要再向我身上泼水了"。

抓住以上这几点原则，相信家长在为孩子制定规矩时，就能找到一定的标准了，也能对孩子的行为进行一定的约束和规范。

用点"理"立规矩，把道理讲清楚

生活中，可能不少家长都遇到过这样一个头疼的问题：孩子太固执了，想给孩子定个规矩太难了。也有家长称，无论说什么，孩子都很抵触。其实，如果我们能找到孩子喜欢的沟通方式，让孩子在一开始就认同你，那么，他自然会接受你。我们先来看下面的教育故事：

周末，妈妈带着莉莉一起逛商场，莉莉看上了一件粉色的裙子，非要买。妈妈说该回家做饭了，莉莉就赖着不走。这时候，妈妈蹲下来，对莉莉说："我的乖女儿，妈妈知道你很喜欢这件裙子，但你发现没，你已经有十几件这样的裙子了。你看，妈妈每天都要辛苦地工作，才能挣钱给你买这些裙子。莉莉是不是应该体谅一下妈妈呀？"妈妈说完后，莉莉还是噘着嘴。妈妈一看莉莉这样的表现，就继续说："要不，等下周妈妈发了工资就给你买，好不好？"听到妈妈这样说，莉莉高兴地答应了。

第二周的一天，妈妈下班后对莉莉说："妈妈今天带你去商场买那件裙子好不好？"但莉莉却对妈妈说："妈妈，我以后要做你的乖女儿，再也不乱买衣服了。"听到莉莉这样说，妈妈欣慰地笑了。

这一故事中，莉莉妈妈的教育方法值得很多父母借鉴。教育孩子，需要考虑到他们的心理特点，他们更喜欢父母与他们讲道理，而不是用粗暴的方式压制。因此，若孩子和你意见不合，就是不愿意听你的话，你有必要采取正确的方式说服他。这样，能减少亲子间的冲突，并通过把决定权交给对方的方式，让孩子觉得受到尊重，因而愿意做出配合的决定。

具体来说，用讲道理的方法来立规矩，有以下几个方法：

1.在平时的教育里就明确地告诉他能做什么，不能做什么

例如，当你带孩子到亲戚家做客的时候，你要告诉他，不能随便拿人家的东西，并告诉他，这是不好的行为习惯。这样，在日后的拜访中，他便不会提出这样的无理要求。

2.让孩子自己做选择题

例如，你想让孩子按时上床睡觉，但他就是想看电视，此时，你可以这样对他说："宝贝，'喜羊羊'很好看，对吧。那你以后是饭前看呢，还是饭后看呢？"这样，用选择题代替是非题，孩子不论做出哪个选择，都能与父母达成共识。

我们再举个例子，妈妈想叫孩子关上电视去做功课，这时与其大吼"快把电视关了，去做功课"，不如说"乖，你是要先吃饭还是要先做功课？"这么一来，不论孩子做任何选择，妈妈都可达到让他离开电视机的目的。

3.晓之以理，动之以情

我们来看看林先生是怎么教育他的孩子的：

林先生是一名物理教师，他在教育孩子这方面很有自己的心得。他曾这样陈述自己的一次教子经历：

我的儿子上小学时，一次因为体育活动课玩疯了，回家时候忘了带语文书，他偷偷和妈妈说，不要告诉爸爸。吃晚饭的时候，妈妈忍不住告诉我了，我就叫他不要吃饭了，把书找回来再吃饭，他哭着叫他妈妈和他去找书，后来在学校保安那里拿到书；回来后他的表情舒展了。我

和他说，一个学生丢了书，就像战士丢了枪一样。他马上就回我，"战士丢了枪，鬼子来可以躲起来啊！"我严厉地说："是的，战士丢了枪可以躲起来，那么老百姓谁保护啊？"他此时无话可说了，我又说，"一个人不能忘记自己的责任啊！"

前几天孩子他妈妈去青岛开会，我和儿子两个人在家里，我发现他每天都要检查煤气、检查家门。一天我因为去学校早了点，忘记拿牛奶了，回去以后发现孩子已经拿回家了，而且放到了冰箱里。儿子长大了。

林先生对孩子进行的责任教育，并不是陈述大道理，而是从生活中孩子丢了书本这一事件入手，让孩子明白书本对于学生的重要性，从而让孩子从这一小事件中明白做人必须有责任，后来孩子检查煤气和家门、拿牛奶等事，证明林先生的教育起作用了。

每个人都有自己喜欢的沟通方式，我们的孩子也是。作为父母，我们要想成功给孩子立规矩，就要从他喜欢的方式入手，并掌握一定的说服技巧，而不是硬性地把自己的观点传达给孩子，这样才能让孩子接受你的观点。

用真心感化孩子，让孩子放下心理包袱

生活中，我们在与人沟通的过程中，常有这样的体验：用好的态度、温和的方式比用高傲相持的生硬方式更容易提高办事效率。在与人相处时，用友善体贴的方式会比强悍冷漠的方法更易俘获他人的心。同

样，在教育孩子、给孩子定规矩的过程中，如果我们也能轻声细语地与孩子说话，用真心感化孩子，那么，孩子就能感受到你的尊重，从而愿意相信你。这就是"南风法则"。关于"南风法则"，法国作家拉封丹写过一则寓言：

北风和南风相遇，他们都认为自己可以把行人身上的大衣吹掉，并争论得不可开交，为此，他们决定比试一下。北方先使劲地吹，一时间，天气变冷，寒风凛冽，人们赶紧裹紧身上的大衣。然后，南风徐徐吹起，人们在一片风和日丽的天气下顿觉暖意升起，于是开始解开扣子，继而又脱掉了大衣。

这则寓言故事，告诉所有的父母温暖胜于严寒。运用到教育工作中，就是要求父母关心和尊重孩子，这样孩子就能放下心理包袱，从而接受你的意见。

然而，现实生活中，我们看到的多半是，一些家长一旦发现孩子和自己观点不同，马上就表现出不耐烦甚至会对孩子发脾气，久而久之，孩子要么不敢发表自己的意见，变得怯弱起来；要么故意和家长对着干，造成难以收拾的局面。曾有哲人说过："要人家服，只能说服，不能压服，压服的结果总是压而不服。以力服人是不行的。"这对每一个家长都应该有所启示，要让孩子心服口服接受你的教育，不能强来，只能靠真情感化。曾经有个"不抽烟的球王"的故事：

巴西球员贝利，被人们称为"世界球王""黑珍珠"。在很小的时候，他就在足球方面表现出惊人的才华。

那次，贝利和他的同伴刚踢完一场足球赛，已经精疲力尽的他找小伙伴要了一支烟，并得意地吸了起来。这样，原先的疲劳就烟消云散了，然而，这一切都被他的父亲看在眼里了，父亲很不高兴。

晚饭后，父亲把正在看电视的贝利叫过来，然后很严肃地问："你今天抽烟了？"

"抽了。"贝利知道自己做错了事，但也不敢不承认。

但令他奇怪的是，父亲并没有发火，而是背着手开始在房间里踱步，过了一会儿，他停了下来，说："孩子，我知道，你在踢球上有点天分，如果你能一直踢下去，也许你在将来会有点出息，但可惜的是，你居然现在就开始抽烟了，抽烟是有害身体的，它会使你在比赛时发挥不出应有的水平。"

听到父亲这么说，贝利低下了头。

父亲语重心长地接着说："虽然作为父亲的我，有责任也有义务教育你，但真正主导你的人生的是你自己，其他任何人都无法代替，我现在问你，你是想做一个有出息的运动员，驰骋于足球场，还是继续抽烟、自毁前程呢？孩子，你已经长大了，该懂得如何选择了。"

说完这番话后，父亲从口袋里掏出一叠钞票，然后递给贝利，并说道："如果你不想做球员了，那么，拿着这些钱去抽烟吧。"父亲说完便走了出去。

看着父亲的背影，贝利哭了，父亲的话一直回响在他的耳朵里，他猛然醒悟了，拿起桌上的钞票还给了父亲，并坚决地说："爸爸，我再也不抽烟了，我一定要当个有出息的运动员。"

从此以后，贝利再也不抽烟了，不但如此，他还把大部分时间都花在刻苦训练上，球技飞速提高，15岁参加桑托斯职业足球队，16岁进入巴西国家队，并为巴西队永久占有"女神杯"立下奇功。如今，贝利已成为拥有众多企业的富翁，但他仍然不抽烟。

这则故事中，贝利的父亲在教育孩子这一问题上所选用的方法是正确的。我们要想让孩子接受我们定的规矩、不抵触我们的教育，就要用轻声细语去感化孩子，与孩子平等沟通。

孩子虽然是孩子，但他们也渴望被尊重、被关心，因此，我们在与孩子沟通的过程中若能巧妙运用"南风法则"，多关心孩子，那么，便能促使孩子意识到自己同成年人是平等的，有利于从小培养孩子独立的人格，能帮助孩子认真面对自己的问题或缺点。同时，也为孩子创造了乐于接受教育的良好心境。

为孩子定规矩要明确

对于家长而言，是否需要给孩子立规矩已经成为一个无须争论的问题，更多家长关心的是该如何给孩子立规矩。很多家长会问，我们应该"棍棒教育"还是"民主教育"呢？其实，真正理想的教育应该是一种混合模式，即父母给孩子提供适度的自由，但在关键时期、关键问题上，要毫不犹豫地发表自己的观点，明确哪些能做、哪些不能做，划定好价值和行为的边界。为此，我们为孩子定的规矩一定要明确，不可模棱两可。

"我的女儿圆圆今年刚满了4岁,聪明可爱,因为我们工作很忙,长期是爷爷奶奶带的,但我们每天都抽时间过去和她玩。因为她小时候没吃过母乳,身体多病,所以爷爷奶奶对她照顾很周到,总是担心她生病。圆圆两岁就上了幼儿园,学习接受能力都不错,就是性格比较任性,有点我行我素。

"例如上公开课,老师点她发言,其实她会,但就是不配合,还跟我们说,不想让这么多不认识的人听她念课文,听老师说平时点她发言蛮配合的,学习效果也可以。每个新学期开学,圆圆总是要哭个几次,不过我们走后,她上课、做游戏都很积极,她也很喜欢上幼儿园。

"其实,这些我们都能接受,毕竟只要她逐步适应,是能改正过来的,不过一些安全行为是必须定规矩的,如过马路不能闯红灯,就这个问题,我专门给圆圆上过一课。那个假期,我去老家接他,过马路的时候,她着急走,差点被一辆摩托车撞上。当时是红灯,我吓得一身冷汗,不过我没有呵斥孩子,而是告诉她,如果总是不遵守交通规则,是对自己和他人安全的不负责,甚至有可能丧失生命。圆圆好像听懂我的话了,从那之后每次都乖乖地等绿灯亮了再走。"

很明显,故事中的家长在为孩子制定安全规矩上的方法值得效仿,孩子任性、不遵守交通规则,一味地训斥未必起到作用,而明确告诉孩子闯红灯的恶果,孩子才会意识到规矩的重要性,自然会自觉遵守,可见明确规矩的重要性。

然而生活中,有不少家长,把孩子当成家中的"小公主""小皇帝",原本制定了规矩,但规矩模棱两可,孩子也没有认识到规矩必须遵守。为此，在具体实施时，一让孩子守规矩，孩子就哭闹，此时家长就心软了，投降了，就百依百顺了。等到孩子已经掌握了任性这个要挟大人的法宝，知道任性可以摆布大人达到自己的目的，就会无休止地恶性发展下去，当父母想要约束孩子时，发现已经管不住了。为此，我们必须明白，为孩子立规矩，必须明确让孩子认识到守规矩的重要性。

具体来说，我们在为孩子定规矩时要做到：

1.明确告诉孩子违反规矩的后果

立规矩时，需要明确地告诉孩子这样做的后果，最好这个后果跟孩子的切身利益有关。

2.说理引导，让孩子了解清楚规矩

孩子有些要求是无理的或不能满足的，你应赶紧利用童话、故事等方式，给孩子讲清道理，这常常可以让孩子逐步理解家长的话，进而接纳规矩。

3.自我强化，让孩子体会到违反规矩的后果

例如，孩子拿不吃饭要挟大人，那么你就赶快收拾饭桌，让他好好饿一顿，这饿肚子的感觉就是最好的"惩罚"。又如，没到穿裙子的季节，孩子犯拧非穿不可，如果其他办法不管用了，那么就让孩子去穿，受凉挨冻就是最好的教育。采用这一方法，一是要确保后果对孩子身心没太大的伤害，二是大人要狠狠心。

总之，孩子的懂事并不是天生的，需要家长的长期引导，让孩子遵守规矩。首先就要明确规矩，其次对于孩子的坏毛病，不能太过于迁就，不能让孩子得寸进尺。

定规矩时，家人意见要统一

我们不难发现的一点是，在中国传统的家庭模式中多半是严父慈母：就是指父母"一个唱红脸，一个唱白脸"，他们相互配合，在教育孩子的时候，一个正面教育，一个配合，相得益彰。事实上，这种观点并不合理。试想，如果父母双方，一个执行自己的严格教育方法，另一个则表现得过于温和，对孩子一味迁就，那么，我们不难想象这样的情形：孩子见到严厉的家长就会像老鼠见了猫一样，唯唯诺诺；而见到温和的家长，就马上像换了一个人似的，立即变得放肆起来，甚至不把这位家长的话放在心上。久而久之，孩子的行为就会变得不稳定，甚至会出现性格上的缺陷，也不利于孩子树立正确的人生观和价值观。

为此，教育孩子，父母要保持一致的态度，在为孩子定规矩时也是如此。而在现实生活中，我们看到的多半是这样的情景：

周末，小雷满身泥巴地回来，衣服还撕破了，妈妈知道他肯定又是去和小伙伴打架了，就问："你是不是又打架了，不是定好规矩不再打架了吗？"

"是他们先耍赖的，说好了，谁输了球谁就请客吃冰棍。"小雷解释道。妈妈听完气不打一处来，就直接骂道："跟你说过多少遍了，不要和别人打架，难道你长大了想当混混不成？"说完，她伸出手准备打小雷，小雷吓哭了。

这时，正在看报纸的爸爸从卧室走出来，赶紧说："来，雷雷，到爸爸这儿来。"小雷赶紧躲进卧室，爸爸对他说："别哭了，爸爸就觉得你没有错，不过一个男子汉要勇敢点，不要动不动就哭，来，笑一下。"听到爸爸这么说，小雷笑了。

其实，这样的教育情景在生活中经常出现，在孩子眼里，父母好像很喜欢红黑配合，但到最后，教育孩子的效果似乎并不明显，孩子的错误并没有改正，因为他们不知道到底谁说的是对的。

因此，作为父母，在为孩子定规矩的时候，态度必须保持一致。具体来说，我们需要注意以下几点教育方法：

1.定规矩前先商量，保持意见一致

的确，在教育方法上，父母的意见不一定一致，对此，父母一定要学会求同存异，在教育孩子前先沟通。如果做不到这一点，孩子就会左右为难，心中充满矛盾，其心理上也会产生压力，不知道自己到底怎样做才对。

例如，生活中，有些父母就喜欢唱反调，就像故事中小雷的父母一样，妈妈教育孩子，爸爸却出来阻拦，并说："别听你妈妈的，她不懂。"以至于孩子不知道到底听谁的好。同时，这样做还会导致夫妻因教育方法不同而吵架，甚至导致家庭矛盾加剧。因此，父母应尽可能在大问题上一致，并注意减少矛盾，给孩子一个统一的价值观。

2.征求孩子的意见

一切教育方法都应该在孩子能接受的基础上进行，因此，聪明的父母在教育孩子时，多半都会征求孩子的意见，如孩子犯了错，你可以让他自己选择惩罚的方式，这样也就避免了父母唱反调的情况。

3.不要当着孩子的面吵架

在实施教育的过程中，一些父母在出现矛盾时便提高音量，然后企图以吵架的方式解决问题，这样做只会降低父母在孩子心中的威信。

同一个人不能同时选择两种不同的价值观，否则他的行为将陷于混乱。一个人的思想不能由两个以上的人来指挥，否则将使这个人无所适从。同样，对孩子的教育，不能同时采用两种不同的方法，设置两个不同的目标，提出两个不同的要求，因为这会使孩子无所适从，甚至行为陷于混乱。

给孩子立规矩要注意弹性

前面，我们已经反复提及给孩子立规矩的重要性，立规矩是为了培养有自制力的孩子，而这并不意味着要让孩子对我们言听计从，实际上，过于刻板地去给孩子立规矩，强制孩子听话，很容易激起孩子的逆反情绪。另外，如果你平日里缺乏对孩子的关注、陪伴，那么你的孩子也很难信服你，很难发自内心地去遵守规则。所以，规矩有效的前提，一定是尊重和爱。

一些家长发现，定下一个规则后，孩子过一段时间就会失去耐心，开始讨价还价。这时是否需要修改一下规则？我们来看下面这个例子：

小波妈妈允许小波每天上网半小时，前提是必须练完琴。开始小波能遵守，后来就开始提出："我能今天不练，明天补上两天的课吗？""我打完这个电脑游戏就练琴行不行？"

规则要有弹性，不是指规则本身可以变来变去，而是根据儿童发展的不同阶段，有执行规则的弹性。

学过琴的人都深知练琴是非常辛苦和枯燥的事情。教育专家建议，如果孩子表现出对琴棋书画的兴趣，家长不妨先带他去体验，如小波的妈妈可以提前告诉孩子，学琴不是件容易的事，时间会很长，过程也很枯燥。当孩子遇到了"瓶颈"产生厌烦的情绪，可以告诉孩子，"是的，我知道这个过程是很枯燥的，但是当你走过了，克服了，会非常棒。在你到达那个目标之前，妈妈愿意在这里陪着你"。

资深的钢琴教师达达称5岁以下的孩子并不适合学琴，因为孩子注意力和领悟力都没有发展成熟，往往花半年学会的东西，到了七八岁，一个星期就通了，那为什么还要受这个罪呢？

达达说："跟我学琴的孩子，我保证他入门，但我有一个要求，就是，从此以后，你每天要花10分钟来练琴。10分钟噢！如果你说，大年三十儿要放炮，可不可以不练。我就说，可以放炮，但是宝贝，你连10分钟也没有么？

达达强调，成不成钢琴家不重要，但要让孩子知道，当你决定做一件事，你就要习惯，每天贡献给这件事10分钟。

这个规则不仅适用于学琴，也适用于任何事情，不仅适用于孩子，也适用于成人。它就这么的简单——每天只有10分钟，却又这么的坚定——这一生的每一天，你都要为你的梦想和目标付出10分钟。

其次，所有父母都该知道，规则的弹性要随着孩子年龄的增长而逐渐缩小。说白了就是，在孩子小的时候，我们给他设置的规则弹性需要大一点，等孩子长大，我们的这种弹性规则就需要逐渐缩小。

那么，小的时候（两三岁），规则弹性要比较大，这个比较大的标准是什么呢？

举个例子，有些孩子，就是非常不听话的那种，你不让他玩水，他偏要玩水；你不让他玩沙子，可他就是爱玩。那我们可不可以换一种思路，如先允许孩子玩一段时间，等他玩完了再跟他讲规则呢？

也就是说，给小孩的规则，不是要完全限制他，而是让他在规则范围内去做。这样，孩子就能感受到：第一，我知道这是什么了，我能做什么；第二，我不能想做什么就做什么，有时候不能那么做也是为了保护我自己。

在和孩子讨论规则的时候，我们要让孩子知道：规则定下来以后，是要说到做到的。在谈论规则的时候，你可以给孩子一些奖罚：如果做到了，妈妈会给你拥抱，给你一个大大的赞，或者周末带着你去哪里去玩（最好不要奖励吃的，也不要奖励钱，这个特别不好）；那如果做不到的话，妈妈会再给你一两次改正的机会，因为我相信你能做得更好。

总得来说，我们教育孩子不能太过火，为孩子立规矩也要有弹性，家长要把握好度，不能太过溺爱孩子，也不能给孩子太大的压力，压力过大容易导致孩子的心理问题。

不要以成年人的标准来约束孩子

生活中不少父母可能认为自己的孩子很调皮，总是惹麻烦。有时他还很固执，不听话，为此，他们认为有必要为孩子立规矩，以此来约束孩子。其实，这只是孩子的调皮行为，并不是犯错。对此，家长一定要谨记，不要以成年人的标准来约束孩子。

5岁的小娟相比其他同龄的女孩来说，显得格外活泼好动。周末，妈妈带她到公园去玩。妈妈在前面走着，并轻声和女儿交谈着，可是一回头却发现小家伙不见了。妈妈急忙四处寻找，发现小娟正趴在不远处的草地上，专注地玩什么东西。

妈妈悬着的一颗心落了下来，她悄悄地走到小娟背后，发现小家伙正专心致志地用一只草棍拨弄着一只小蚂蚁，翻来覆去，仔细观察小蚂蚁的每个动作。"宝宝，你在干什么？"妈妈问。

"妈妈，我正玩小蚂蚁。"

"玩什么蚂蚁，我不是告诉过你吗，不要在地上玩，太脏了。"说完，妈妈就拽起小娟离开了，小娟一脸愕然地望着妈妈。

很明显，小娟妈妈的做法是不对的，孩子玩蚂蚁，只是好奇心的表现，是对世界的探索，活泼也是一种气质，一个活泼好动的孩子通常具有敏锐的观察力、想象力和思考力，而这些是成才的关键。如果家长忽略了这一点，而把它当成不听话、犯错误的行为，就大错特错了。

为此，作为父母，我们一定要从孩子的角度思考问题，要理解孩子。有位母亲产生了这样的疑问："当我女儿在桌上不断地用手指比画着想象在练琴时，如果我们真的向她提供一架钢琴，这到底是件好事还是坏事？假如我们这样做了，孩子的想象力就得不到应有的锻炼了……"

这个母亲的担心的确有一定道理，然而还是应该为孩子提供真正的钢琴。因为孩子的这一想象中的需求如果得不到满足，他的想象力一样会受到限制，就会在这一点上停留过久。如果他拥有了梦寐以求的东西，就会得到及时的训练，提高自己的能力，甚至想象自己已经成了一名伟大的音乐大师。很多音乐家就是这样成长的。永远不要担心孩子的想象力会穷尽，因为一个想象的满足，会激发更新更多的想象。

对于孩子调皮好动的行为，父母可以这样引导：

1.理解孩子的行为

很多孩子调皮捣蛋，父母带他出去玩，他总是喜欢做一些危险动作，如登高、从高处往下跳。父母因为担心他的安全而制止他的行为。

在中国传统的教育理念中，父母认为孩子好静更好，甚至总是约束孩子的一些行为。但其实，孩子是需要自由空间的，需要有广阔的天地来让他们成长，因此，对于孩子那些活泼好动的行为，我们不必强加干涉，只需要做到保护他的安全。要知道，孩子在奔跑、跳跃、攀爬这些活动中，更易获得健康的身体，也更易活跃大脑。

2.不要让孩子盲目听话

童话大王郑渊洁说他从来没有对自己的孩子高声说过一句话，也从来没有说过"你要听话"。"因为我觉得把孩子往听话了培养，那不是培养奴才吗？"因此，你不妨告诉孩子："爸妈并不是要你盲目地听我们所说的每一句话，什么都听话的孩子就是庸才。"这样说，会很容易让孩子感受到父母对自己的理解。

3.鼓励孩子有自己的思维方式

孩子也有自己独特的思维,作为家长,我们如果用成人的思维方式对他们进行粗暴的干涉,就会扼杀他们的想象力和创造力。

4.给孩子一个行为标准

这个行为标准的制定必须是在和孩子已经站在同一战线的前提条件下,也就是孩子认可有时候父母的话是正确的。此时,你应该告诉孩子一个原则,一个标准。在这个标准下,他知道什么东西去要执行,什么东西要坚决反对,掌握好这个度就可以了。不是不管他们,而是怎样合理地管的问题。

因此,综合来看,对于孩子不听话这一问题,我们一定要辩证地看,我们不需要培养那种盲目听话的"乖孩子",因为"乖孩子"真正成为社会精英、业界尖子的不多,他们大多在一般劳动岗位上工作。当然,并不是说"不听话"的孩子就一定聪明,出尖子。孩子的"听话"应更多地体现在生活规矩、行为道德上,对孩子天性叛逆,有自己的想法,父母应做出正确的引导,使其用在学习和对待事情上。

第03章

定规矩讲方法，实施起来更容易

现实生活中，不少家长有这样的苦恼，给孩子定规矩并不难，难的是规则的执行，也就是如何让孩子遵守规矩。的确，孩子的成长是一个复杂的过程，这一过程中不可预测的因素太多，我们不可能时时让孩子按照我们说的去做，而要对孩子的行为进行监督引导，还需要我们掌握定规矩的方法。在正确方法的指引下，规矩的实施才更容易。

为孩子立规矩要营造良好氛围

任何父母都希望孩子把自己当朋友，对自己倾吐成长中的烦恼与快乐，希望孩子能听话。然而，孩子越大越难管教，更别说给他们立规矩了，这是很多父母共同的感受。这是由什么造成的呢？其实，这并不是孩子的问题，而是我们的沟通方法存在问题。不少家长在沟通中端着家长的架子，甚至和孩子置气，孩子又怎么愿意与你沟通呢？因此，聪明的父母在给孩子立规矩前都会营造良好的氛围，让孩子把自己当朋友，这不仅有助于孩子接纳父母的规矩，对维持亲子间的良好关系也很有帮助。

小丫生活在一个幸福美满的家庭，家里经济条件优越。父母的文化程度虽然不高，但在教育子女方面还是有自己的一套方法，特别是她的妈妈，和她就像朋友。

小学时，小丫总喜欢把学校班里的事情告诉妈妈，和妈妈说悄悄话，家庭的民主氛围很浓郁。

这个周末的早上，妈妈决定带小丫出去郊游，就问小丫是不是穿那件牛仔裙。

没想到，小丫说："不穿。"

妈妈："你不是很喜欢这件牛仔裙吗？平时在学校没机会穿，上次不就说这次郊游就穿这件牛仔裙吗？"

"没什么，就是不想穿。"

小丫妈妈想，这孩子怎么一会儿一个样，但她想想，孩子可能有什么心事，于是，继续引导："怎么了，我的宝贝女儿，有什么不开心的事，可以跟妈妈说。"

"你别问了，反正我不穿这件。"妈妈看看女儿，女儿的眼里已经噙满了泪水，看来一定另有隐情。

"你知道吗，我的宝贝，你这样妈妈很担心，你一直很爱妈妈，对不对？你也不想看到妈妈为你担心，是吗？"

"好吧，妈妈，我问你，我是不是长得很丑？"

"怎么这么说，我女儿最美了，平时邻居看见也夸你漂亮呢。而且待人温和，还疼妈妈。"

听到妈妈这么说，小丫笑了，主动招出了前两天遇到的事："妈妈，我们班好几个女生说我是小胖妹，我知道，我不苗条，所以我不想穿裙子了！"

此时，妈妈没有说话，只是搂着伤心的女儿。过了会儿，妈妈说："小丫，妈妈想告诉你，我们每个人长得都不同，每个人眼里的美丑也不一样，并不是很瘦就好看。你比同龄的孩子高，所以看起来胖点，这没什么，而且现在是长身体的阶段，难免会长肉，身体素质是最主要的，女孩子要自信嘛，你说对吗？"

小丫沉默了几分钟，从妈妈怀中站了起来，平静地说："谢谢妈妈听我说这些事,我们出发吧。"

从这个故事中,我们看到一对母女之间贴心的沟通过程。孩子不执行规矩、不听话,很有可能另有原因,父母需要去了解和沟通,而前提是我们应该营造良好的氛围,让孩子把我们当"自己人",那么,我们该如何营造良好的立规矩氛围呢?

1.语气应温和,态度友善

父母与孩子说话,最好避免用尖锐的语气和带有恐吓的语言,而应尽量对孩子微笑,用欢快、平和的语气与孩子沟通,这样才能让孩子感受到你的爱。

2.多说"我",少说"你"

为了能让孩子觉得你和他是站在同一战线、是为了他好,你在说话的时候,不要总说"你应该……",而应常说"我会很担心的,如果你……"

3.分享孩子的感受

无论孩子是向你报喜还是诉苦,你最好暂停手边的工作,静心倾听。若边工作边听,也要及时做出反应,表示出自己的想法或感受,倘若只是敷衍了事,孩子得不到积极的回应,日后也就懒得再与大人交流和分享感受了。

4.多用身体语言

作为父母,我们要让孩子感受到,无论什么情况,你都是爱他的,即使他做了错事。事实上,有时不说话,只利用身体语言,如微笑、拥抱或点头等,就可以让孩子知道你是多么疼他,不只是在他表现良好时。同时，与孩子身体接触，能拉近与孩子之间的距离，不难发现，有些父母只是在孩子很小的时候会亲孩子、抱孩子，孩子长大一点后便忽视了这一点。然而身体接触可以令孩子切身体会父母的关怀。当然，使用身体语言与孩子沟通也别忘了接纳孩子对你的爱意。

总之，在给孩子立规矩时营造良好的氛围，就是要让孩子感受到，父母是理解他的，是能够从他的角度思考和解决问题的，是和他站在同一个立场的，这样孩子才愿意接纳我们的规矩和意见，并认真遵守。

即使是给孩子定规矩，也不要伤害孩子尊严

自尊是人活于世的根本，自尊才能自信，才能自强。对于孩子来说，懂得自尊，方能自信。而作为父母，一定要给孩子尊严并维护这种尊严，才能培养一个骄傲、自信的孩子！

我们说的教育孩子，其中重要的一点就是要让孩子做个自信、骄傲的人，这不仅是要给孩子优越的生活环境，让他接受好的教育，开阔他的视野，增加他的阅历，增长他的见识，还要让孩子以健康的人格和心态去迎接未来的挑战，而这也是我们给孩子定规矩的初衷。同样，给孩子定规矩，就是希望孩子成为一个有自制力的人。自制才能自由，才能活得有尊严，为此，我们要明白，即使是给孩子定规矩，也一定要保护孩子的尊严。

到吃饭时间了，小琳做好了饭，准备喊4岁的儿子吃饭，可是叫了

几遍，儿子都没反应，还在玩玩具。小琳一气之下夺走了儿子手上的玩具，儿子也不高兴了，居然跟小琳抢起来。小琳这下可火了，生气地把儿子说了一顿。可是，说完之后，看着躲在墙角哭得惨兮兮的儿子，心又软了，她开始后怕，自己这样批评孩子，会不会给他留下心理阴影？

的确，生活中，很多父母陷入了立规矩的困惑中：家长三番五次地对孩子说，"跟你说过多少遍，做作业的时候不要玩其他的。"可是孩子还是边学边玩，话说重了，又怕孩子接受不了；妈妈经常提醒孩子不要打架，可孩子还是"恶习"不改；面对孩子的网瘾问题，父母强行干涉，结果把孩子逼急了，孩子居然离家出走……

实际上，父母过分的叮嘱、管教不但不能起到预期的效果，反而会使孩子的神经细胞处于抑制状态，从而做出逆反的反应。因此，任何一对父母，在给孩子立规矩的时候，都应把握一个度，时间不能过长，内容也不应过多，更不能伤害孩子的尊严。

不得不说，在现实的教育中，一些父母总是希望孩子能按照自己的意愿行事，结果导致孩子叛逆、自卑等，其实，这都是对孩子的不尊重，也伤害了一个孩子作为人的尊严。要想让他成为一个真正骄傲、自信的人，家长就不要忘记给足他尊严。具体说来，家长不妨从这些方面入手：

1.尊重孩子的个性

每个孩子都是与众不同的，如同我们不可能找到两朵相同的花儿。每个孩子都有不同的感受事物的方式、玩耍的方式、思维的方式、学习的方式、享受的方式，正是这些"个别的特性"使他成为"独特"

的人。

因此，家长要尊重孩子的个性，就应该对其内在品性的各个方面进行更为明确的理解，真正地了解你的孩子，才能根据其个性打造其独特的人生，让他更自信地生存。

例如，父母对孩子的看法通常都很绝对，非白即黑。他们要么是"表现不错的""成功"的，要么就是"有问题的"和"不可救药的"。要想孩子始终充满骄傲、快乐和自信，就必须让他们视自己为多侧面、多色彩的拥有多种正面人格特质和能力的人。

2.尊重孩子的喜好和兴趣

正如上面所言，每个孩子都是不同的，因此好恶也是不同的，家长要了解他的好恶——他喜欢吃的东西和不吃的东西，他最喜欢的运动、课余消遣和活动，他喜欢的衣服，他的特长，他喜欢逛的场所以及最有效的学习方式。迎合孩子的喜好，才能让孩子接受家长的培养方式，也才能更自信。

3.维护孩子的面子

俗话说，"树要皮，人要脸。"孩子也和成年人一样，他们也有"面子"，也需要得到众人的尊重。当他做得不好时，你马上指出来的话，有没有考虑场合，考虑他的自尊心呢？

如果你当着别人的面说："看人家多自觉，你能不能长进点？"你会发现，孩子以后的问题会越来越多，而且越来越不听话。如果你当着老师的面、亲戚的面数落他，那情况就更糟，他要么变成可怜的懦夫，要么成为一个偏激者。因此，父母切记：不要当着别人的面说孩子太多坏话，要给孩子留面子。否则，你的"抱怨"会毁了孩子的社会形象，也毁了自己在孩子心中的形象。

4.不要总是负面地评价孩子

一般来说，如果孩子学习成绩不好或者在竞争中不断受挫，会出现负面情绪，此时，我们应有一定的引导策略。孩子输了的时候，不出现"是因为你笨"之类的评价，避免孩子将失败归因于自己能力差等内部因素。要引导孩子在竞争中学会分析自己的能力、任务的难度、外部环境等，客观地进行归因。

5.尊重孩子的观点

人们总认为，年幼的孩子比较"顺从听话"，他们喜欢讨人欢心，服从他人。你不应该利用儿童的这一特点，相反，应该着力强化他的个性和自我意识。当孩子进入儿童时期以后，在他们探求自己是谁之前，他们会从否定的角度——自己不是谁——来定位自己。这时，他们大多会拒绝接受父母的价值观。他们应该畅通无阻地穿过那条道路，而不应遭到成人的碾压。

以上这些方式都是家长应该学习的。孩子的自尊是需要家长来悉心呵护的，用正确的方式来与之沟通并引导他的行为、为他立规矩，才不会伤他自尊，这也是让孩子维持自信的最佳方式！

用孩子愿意接受的形式定规矩

很多时候，我们会从成人的角度思考问题，常会不可避免地把自己的想法强加给孩子，在定规矩时，也是一味地认为自己就是对的，但这只会造成孩子的对抗情绪，往往会事与愿违。

我们先来看看下面这位家长是怎么做的：

"在女儿5岁的时候，我们搬进了新家，女儿很开心，很快，她和小区里的孩子们都混熟了，也有了几个自己的小伙伴。

"有一天下班回家，我发现女儿不在家，我以为她爸爸带出去玩了，但是到晚上7点，孩子爸爸回来了，也没看见孩子。这下吓坏我了，我们在小区里四处找，最后还报警了，以为孩子丢了。谁知道，两个小时后女儿自己回来了，玩得脏兮兮的，原来她和新的伙伴到小区后面的泥地里玩去了。她爸爸气急了，准备训斥女儿一顿，我觉得这样做不妥，女儿能快速融入新的环境是好事，但出门长时间不告诉父母更不妥，所以我问女儿这件事她该怎么解决。女儿很机智，天真地看着我说：'那我以后出门前告诉你们一声，玩多久也会说，行吗？'我再问她：'如果违反了呢？''那我罚我自己洗袜子。不过，你们也要遵守，我也要知道你们去了哪里。'果然，她自己定的规矩真的从来没违反过，现在女儿17岁了，她做什么我们都很放心。"

这则故事中，这位母亲的教育方法值得我们效仿。孩子做错了事，我们需要制定规矩来矫正他的行为，但一味地强制孩子听从我们的话并要求孩子遵守，孩子只会出现对抗情绪，也未必会有好的教育效果。而如果我们能遵从孩子自己的意愿，在订立规矩的时候与他协商，并且尽量让孩子拿主意，孩子感受到了尊重，也就感受到了来自父母的爱，自然愿意与我们沟通。

因此，在与孩子沟通的过程中，我们不要总是将自己的观点强加给孩子。具体说来，我们需要做到：

1.维持和谐的家庭氛围，让孩子感受到民主的气氛

家庭氛围对孩子的成长起着潜移默化的巨大作用。一个家庭，如果父母强制专横，孩子感受不到民主，对父母定制的规矩孩子是无法从内心接受的。而在和谐的家庭氛围中，孩子才愿意畅所欲言，才愿意与父母沟通。

2.让孩子自己做主

他们虽然还是孩子，但已经有了自己的情绪、自己的意愿。父母不能事事替他做主，即使是为了他好，如你认为他该写完作业再看电视，你认为他一天应该吃两个苹果，你认为他应该在晚上9点之前上床睡觉，你认为……要知道，强加的结果只能适得其反，要让孩子学会为自己做主。这样孩子不但开心，还能养成独立、自主、有主见的性格。

3.把命令改为商量

在很多问题上，父母不要太过武断，也不要替孩子做决策，而应该先问询孩子的意见，"你是怎么认为的呢？""你打算如何处理呢？""你打算什么时候开始做呢？"这就表示了我们对孩子的尊重。在了解了孩子的想法后，如果有些部分不正确，我们再以研究和探讨的语气与之商量："我能理解你的想法，但我们还要考虑这件事的可行

性，不是吗……你认为妈妈的意见对吗？"

孩子是聪明的、有判断力的。如果你的话有道理，孩子也是会采纳你的建议的。同时，和孩子的交流会越来越多，亲子关系也会更好。

再如，周末，孩子完成作业以后，如果他想出去和朋友玩，那么，你最好不要阻止，而应该和他订立"条约"，如去哪里玩要和父母说一声，晚上8点钟之前必须回来等。如果孩子要求在朋友家住，你要告诉孩子不行，如果晚了，爸爸妈妈可以去接你，那样爸爸妈妈才不会担心。这样做，能让孩子感受到你是支持他并且关心他的，孩子既获得了快乐，又不会放纵自己。给孩子一个空间，让他自己去体验，去成长。家长永远做孩子的后盾，做他的支持者和帮助者，才不会让孩子离自己越来越远，才会让孩子幸福快乐地成长。

以商量的方式去解决问题，即使商量失败，感情氛围也会增强，有利于以后问题的沟通。家长经常的错误是，当前问题没解决，还破坏了感情气氛，阻断了感情沟通，失去今后问题解决的机会。

4.尊重孩子也要注意孩子的行为习惯

我们在发现孩子有某些不良的行为习惯时，一定要及时指出来，不能听之任之。例如，如果孩子说脏话，那么，你可以说："这是谁教你说的？你知道吗，这是脏话，一个说脏话的孩子是会被人讨厌的。"

5.学会体谅孩子的情绪和思维

可能在你看来，孩子是幼稚的，他们的想法不可思议，但千万不能嘲笑他，也不要以自己的思维来要求孩子，你要允许孩子把自己的观点表达出来。当孩子主动和你谈起他对某件事情的感受和想法时，不要不耐烦地敷衍了事，而应该跟孩子一起聊聊。

6.不要什么都答应孩子

很多孩子会采取撒娇耍赖、哭闹的方式让你答应他的要求。如果这些要求是无理的，你一定要拒绝，不然他会有恃无恐，同样的事情会一而再再而三地发生。坚定地告诉他"不行"，他能从你的态度上看到这件事真的没有商量的余地。

7.让孩子承担一点责任

有位家长在培养孩子方面很有心得，他的女儿10岁了，这个小女孩在5岁那年就已经学会了为家里倒垃圾。5岁时，她就主动与妈妈订立了这一规矩，于是，她开始尝试着这样做，这位家长并没有怕孩子做不好而阻止她，而是夸奖、表扬她，说她能干、勤快，还经常当着其他邻居的面称赞她："干得不错！我们都应该向你学习！"这激发了孩子主动倒垃圾的自豪感，并慢慢地形成了习惯，把这项劳动看成一种责任。

虽然我们都爱孩子，但我们不要因过于心疼孩子而对孩子的行为听之任之，而是要给孩子立规矩，对孩子的行为进行监督和矫正，让孩子不断在成长过程中锻炼自己。这样他们才能早点拥有独立生存的能力和强有力的自制力，这样，孩子的未来将受益无穷！

正确解读孩子的行为，不要盲目定规矩

纵观古今中外的历史，很多天才的天赋之所以能被挖掘，都是因为他们的父母有着一双慧眼，能从他们的一些看似调皮捣蛋的行为中看到积极的一面，能以辩证的态度看待他们的行为，并挖掘出他们的潜能。

的确，表面看起来，孩子的一些行为是错误的、是要被批评的，好像需要与之定规矩才能矫正，但同时背后也蕴藏了积极的一面，如日本的宗一郎能像狗一样嗅车子漏下的汽油，牛顿在风暴中玩耍……他们表面上是在玩耍，甚至样子很可笑或危险，但他们真正的目的却是在尝试其他孩子没有兴趣尝试的东西。如果父母对其不理解并横加指责，也许会扼杀一个天才，这样岂不可惜。

对于孩子的行为，家长要这样看待：

1.解读孩子的行为

有位网友提到一件趣事："邻居家7岁的孩子被他爸爸打了，原来这孩子不知道从哪里找来一只受伤的鸟，将鸟绑在了炮仗上，然后点火最后鸟被炸死了。爸爸打完之后，才知道他的想法，他想把受伤的鸟送上蓝天……"

其实，不少家长在教育中也总是有这样的习惯：对于孩子的行为，自己没有理解，也没有努力去尝试理解，就把孩子的行为归为错误的。这是对孩子教育极不负责任的做法，在这样的教育下，孩子能有多大的发展呢？

因此，要善于解读孩子的行为。父母要明白的是，孩子的行为很

多都是他对未知的一种探索，对有些事情孩子甚至比大人做起来更有技巧。父母通过解读孩子的行为，明白孩子行为的本来目的，这样便于拿出适合孩子的教育方法，不至于因误解而阻碍孩子的成长。

2.换位思考，挖掘出孩子行为背后的积极动机

法国儿童喜剧片《巴黎淘气帮》里有这样一群孩子：他们为了让妈妈高兴，就趁着妈妈不在家的时间，想把家里来个大扫除，结果把家里弄得一塌糊涂，沙发被划破了，地板被擦花了，甚至家里的小猫都不幸被扔进了洗衣机。其实不少家庭都发生过这样的事，孩子为了讨好大人，好心办了坏事，这是因为他们没有生活经验，此时，我们不能一味责备，而是应挖掘出孩子的积极动机并告诉他方法。

3.从孩子的行为中开发其潜能

孩子看似一些调皮捣蛋的行为，其实正是他们与乖孩子的区别，也是他们具备某一潜能的体现。不少天才之所以能成功，就是因为他们的父亲或者母亲能看到他们行为后的潜能，知道哪些举止是天才诞生的开始，就有意识地支持孩子的行为，帮助他们开发潜能。

总之，父母要明白一个道理：正确解读孩子的行为，才便于更好地教育孩子，天才也就是这样教育成的。也就是说，如果我们能走进孩子内心世界，真正了解孩子的行为，去引导，去鼓励，去帮助，去发现，孩子就能健康成长、顺利成才！

第04章

定学习规矩，指导孩子快乐高效学习

作为父母，都会望子成龙、望女成凤。学习成绩的好坏从一定角度上来说是衡量孩子学习状况好坏的重要指标。毋庸置疑，孩子在校期间的主要活动是学习，我们的孩子都需要我们对其进行学习上的辅导，然而，孩子毕竟是孩子，缺乏一定的自觉性和自制力，这就需要我们为之定立规矩。当然，更要注意方式，我们要从孩子能接受的角度培养孩子的学习兴趣、激发孩子的求知欲、传授正确的学习方法，从而让其提高学习效率，提升学习成绩！

为孩子量身定制一份学习计划

可能很多家长会发现，你的孩子很懂事，即使你不叮嘱，他也了解学习的重要性，他一直都知道要做个优秀的学生，努力学习。但事实上，他们似乎总是力不从心，似乎总是感觉时间不够用，学习效率也很低。这是为什么呢？

其实，孩子是缺少一份合理的学习计划，合理的学习计划是提高孩子成绩的行动路线，是帮助孩子成功的有力助手。没有学习计划，学习便失去了主动性，容易东抓一把西抓一把，以至生活松散，学习没有规律，抓不住重点，因而总是被其他同学远远地甩在后面。因此，家长要切实指导孩子制订合理的学习计划。制订一份合理的学习计划，就等于为孩子找到了促进学习进步的金钥匙。帮助孩子制订严格的学习计划，养成守时、有序、高效的好习惯，是孩子一生受用不尽的财富。从人生成功的角度讲，统筹规划的意识和能力是一个要做大事的人取得成功所必须具备的一项重要素质，而这种素质只有在从小就习惯制订具体的学习计划并严格执行的实践中才能培养形成。

当然，孩子的学习计划应该由他自己来制订，家长所要做的应该是一个从旁协助的工作：帮助孩子把学习计划合理完善、监督孩子的执行、结合实际提出修改意见等，而不是越俎代庖，按照自己的希望替孩子制订。

那么，父母应该怎样帮助孩子制订学习计划呢？最好遵循下列几点要求：

1.合理安排时间，制定出作息时间表

例如，你可以让孩子制定出一张作息时间表，让他在表上填上那些非花不可的时间，如吃饭、睡觉、上课、娱乐等。安排好这些时间之后，选定合适的、固定的时间用于学习，必须留出足够的时间来完成正常的阅读和课后作业。完成这些后，你要看看他在时间上的安排是否合理，如每次安排的学习时间不要太长，40分钟左右为最佳。学习不应该占据作息时间表上全部的空闲时间，总得让孩子给休息、业余爱好、娱乐留出一些时间，这一点对学习很重要。一张作息时间表也许不能解决孩子所有的问题，但是它能让你了解孩子如何支配这一周的时间。

2.学习任务明确，目标切合实际

孩子制订完学习计划后，家长应当加以审核，要确保孩子学习任务明确，目标符合实际，因为很多孩子制订学习计划时，总是"雄心勃勃"，一天的时间恨不得要完成一周的任务。这样不切实际的目标往往是导致计划不能正常执行的主要原因。

还有一些孩子，制订的学习计划很模糊，如晚饭后背外语、睡觉前温习课文等，这种计划看似没有什么错误，似乎也足够具体，但实际效果并不如意。因此，这种计划虽然可以给孩子一种学习的方向感，但孩子到了执行计划的时候，会不知从何开始，如果把目标再具体细化到：晚饭后背单词10个、睡觉前温习第几课课文、晚上8点半整理出三角形公式等，效果会更好。而且如此具体的任务分配也有利于孩子自检任务完成状况。

3.学习计划应与教学进度同步

父母在帮助孩子制订学习计划的时候，一定要注意这点，只有这样，孩子才能把预习和复习纳进学习计划中。这就要求，孩子以学校每日课程表为基准，参照老师的授课进度，并结合自己的学习状况制订计划。计划有多种：日学习计划，可建议为某门落后的功课或某门感兴趣的功课多安排些时间；还可以制订单元或专题复习计划，有计划地学习。

4.计划应该简单易行而富有弹性

整个计划要有一定的机动灵活性。正常情况下，计划都应该严格按时完成，但孩子的生活要受很多因素影响，难免会有特别的情况，所以就要求计划不能过于僵死呆板，要有一定的灵活性，可以不至于因为一个环节不能完成而打乱后面的所有计划。同时，学习计划也只是一个学习的构想，千万别把计划定得过于详细、紧凑。而且，如果刚开始孩子没有按质按量地完成学习计划，也不可责备甚至训斥孩子，因为这样会打消孩子的积极性。

家长在帮助孩子制订学习计划后，还要监督和协助孩子执行，通过科学的安排、使用时间来完成这些计划，要以充足的睡眠、合理的进餐与有序的学习相结合，否则，即使再完美的计划也只是纸上谈兵！

帮助孩子找到属于自己的个性学习方法

作为父母,都希望孩子有个好的学习成绩,然而,在现实的家庭教育中,我们的孩子似乎总是很努力,成绩却总是提升不上去。其实,我们的孩子都很聪明,没有智力障碍,只是学习方法和学习习惯不同而已。每个孩子都有属于自己的学习方法和习惯,有的学习很轻松,学习习惯也好,这无外乎课堂认真听讲,基础知识掌握得好,灵活运用能力强;而有的孩子学习死板,学得很累,课后用10倍时间学习,效果也不好,这样就需要父母为之定一些学习上的规矩,帮助其改进学习方法。

周涵涵是彤彤班上的学习委员,从小学开始,学校光荣榜上就一直都有她的名字,进了初中以后,她成绩还是那么好。在她的同学眼里,周涵涵就是个"屹立不倒的神话",很多同学都向周涵涵取经,问她有什么绝密的学习方法。

周涵涵说:"我觉得我的学习方法对我很有用,但对你们,我就不知道管不管用了。我不怎么喜欢每天挑灯夜战,我一般做完作业以后就睡觉了,然后我每天早上会醒得很早,一般你们是6点多起床,我5点就醒了。而这段时间,我会拿来记单词,不知道为什么,我这时候背的单词都不会忘记。另外,对于理科,我会学习好课堂上老师讲的每一个知识点,然后在课下花点时间复习一下,就能巩固了。其实,学习并不是什么难事,每个人都应该有属于自己的一套学习方法,并不是千篇一律的。"

"可是,我们都不知道什么是属于自己的学习方法啊!"

"我们可以求助于父母啊,他们是了解我们的,而且,他们是过来人，我们的学习上的一些不足，他们是能看出来的。"

"是啊，我回去得和爸妈好好谈谈。"

初中课堂教学内容与小学阶段明显不同，孩子面临的任务和学习的内容差异很大。总体来看，小学的课堂教学活泼，容量小，作业量少，注重基础知识的学习和巩固，拓展性小。中学课堂教学容量大，科目增多，而且都是有独立学科体系的内容。这些变化都要求孩子调整自己的学习方法，而调查显示，90%的孩子没有自己的学习方法，纯粹采用传统的填鸭式教育。这样导致很多孩子虽然很努力，可是成绩却依然提高不上去，最后导致孩子厌学贪玩，而家长就开始为孩子厌学、贪玩而苦恼。也有一些家长会疑惑：为什么有的孩子能轻松地学好，而有的孩子很努力却学不好？这还是因为学习方法上的差异问题，孩子有一套属于自己的个性学习方法，自然能学得好。

那么，作为父母，怎样帮助孩子找到属于他自己的个性学习方法呢？

1.认识到孩子的特殊性，尊重孩子的学习兴趣

适合孩子的学习方法一定要建立在孩子的学习兴趣上。生活中，当孩子没有达到父母预期的目标时，父母就觉得孩子出了太多问题，父母愤怒了，或是责骂孩子，或是语重心长地教育孩子。孩子沉默了，孩子愧疚了，孩子自卑了……很多时候孩子就是在这样看不见的教育暴力中失去了成长的快乐和发展的潜能。而即使父母为孩子打造出的学习方法再完美，也不一定适合孩子，因为他对此方法根本不感兴趣。

家长应重视孩子的个体差异，充分考虑孩子的优势智能，注重对孩

子的兴趣和个性的培养，帮助孩子孩找到属于自己的"钥匙"。

2.根据孩子的生活习惯和时间安排孩子的学习，让孩子高效地学习

每个人的机体存在差异，这是毋庸置疑的，孩子在生活习惯上有所不同，如有些孩子喜欢在晚饭前学习，而有些孩子在睡前的某段时间能发挥记忆的最好效果。对此，父母都要留意，只有这样帮助孩子学习，他才能以最快的时间进入学习状态，提高学习效率。

3.掌握小窍门，让孩子尽快进入学习状态

如何让孩子尽快进入学习状态，是广大家长最为关心的方面。拥有9年个性化教育研究经验的教学专家认为：家长个性化的监督和引导是孩子安心学习的关键。在此，他教了家长们帮助孩子收心的小窍门：家长不要给孩子过多压力，要鼓励孩子适当地多看书，或者陪孩子适当做一些体育锻炼，让孩子心态平和下来。另外家长可以帮助孩子制订一个切合实际的学习计划，每天定期了解孩子的学习表现，多给孩子鼓励和建议，使孩子保持积极的心态。

4.训练孩子解决问题的能力

拥有解决问题的能力才是制胜的法宝。父母在帮助孩子找适合他的学习方法时，这一点乃重中之重。要训练孩子这一能力，就要着重培养孩子自主学习和正确的思维方式，长此以往，孩子的成绩及综合素质将能够稳步持续地提升。

总之，帮助孩子找学习方法，需要依据孩子个人的习惯、兴趣、时间安排、生理状态等。所以，你要想成为孩子的家庭教师，就要全面了解孩子，然后做出具体的计划安排。学习方法只有适合孩子自己的才是

最好的。有针对性地制订出一套独特的、行之有效的教学方案和心理辅导策略，不仅能使孩子掌握一种切合自身的学习方法，提高学习成绩，更重要的是让孩子的心理和心态更健康！

让孩子养成预复习的习惯

当孩子还小的时候，我们为孩子的饮食起居、行为习惯操碎了心，而到孩子进入学校之后，很多家长认为，孩子终于大了，终于可以不用像他小时候那样劳心劳力了。于是，部分家长把孩子全权交给学校管理；也有一些家长，则是完全相反，他们认为学校学习是孩子的关键时期，于是，紧盯着孩子的学习，但却因为方式方法的不正确，对于孩子的学习并没有多少帮助。

其实，要想让孩子高效地学习，学习方法的正确至关重要，其中，必不可少的一个环节就是预习和复习。科学地学习，需要遵循课前预习、上课认真听讲、课后复习的"三步走"，这是最朴素也最经典的学习过程。只有提前预习了，上课才能有目的地去听讲，有的放矢，更高效地去吸收知识，而不会被老师牵着鼻子走；课后一定要及时巩固复习，复习得越及时，知识就掌握得越快、越牢固。

课间的时候，同学们经常会谈论到自己的父母。

"我爸和我妈似乎一天都很忙，我放学回家，他们只会叮嘱我要好好学习，却从来不会花多少心思在我的学习上，更别说辅导我预习、复习功课了。"一个同学这样谈到自己的父母。

"我爸妈倒不是，他们对我盯得太紧了，我一回家，他们就会问我当天学了什么，从小学到初中都是这样，这倒是一个很好的回顾、复习课堂内容的好办法，但回答完以后，我哪里还有多少时间去预习新课程？所以，我经常会觉得老师上课所讲的内容很陌生……"

这时候，班主任老师也加入学生们的谈话："我认为各个层次的学生都需要预习。成绩好的，预习工作可以跳出课堂、跳出学科，拓展视野。而对学困生来说预习更重要，否则讲课时往往会被老师牵着鼻子走，没有一点自己的主动性，听课很累。而预习之后，假如这堂课上的3个知识点，他能提前弄明白一个甚至两个，那么就能较快进入课堂，听讲中也有侧重点和针对性。"

"是啊，预习和复习在学习过程中都很重要，一样都不能落下啊……"

那么，家长该怎样帮助孩子做好预习和复习，成为孩子的家庭教师呢？

1.预习

预习很重要，但前提是必须有科学的预习方式，如果预习不得法，有时会适得其反，如孩子其实只抓住了点皮毛、知道了点结论，却错误地认为自己都听懂了，上课就不注意听讲，这样就把知识的来龙去脉等重点错过了，显然是捡了芝麻丢了西瓜。父母监督孩子预习，可以运用以下两个方法：

（1）教导孩子根据老师的上课方式预习

父母可以告诉孩子，在制订自己的预习方式时，最好先想想老师的上课方式是怎么样的，或索性去问一下老师该怎样预习。因为预习的目的是课堂上能听得更好，而课堂计划是由老师来制订的，所以孩子的预习也要与课堂配套起来。

（2）让孩子与习题配套预习，以便查缺补漏

让孩子预习就意味着，孩子在认真投入学习之前，先把要学习的内容快速浏览一遍，了解学习的大致内容及结构，以便课堂上能及时理解和消化。当然，这要注意轻重详略，在不太重要的地方可以少花点时间，在重要的地方可以稍微放慢学习进程。另外，父母在孩子预习前，可以购买一本与课本配套的练习册，买练习册时要特别注意，别买参考答案只有一个数字的那种，而要选择有详细解答过程的，这样有助于孩子理顺思路，做错了也能弄明白为什么错，对于不懂的地方可以做出标记。

2.复习

与预习相对应的，就是复习。很多孩子一听到复习，就会认为是期末大考前的复习，其实片面了。还有一项复习工作，那就是日常复习。只有做好这两方面的工作，孩子才会取得一个很好的成绩。父母可以指导孩子掌握以下复习要点：

（1）多种形式复习。复习是对信息的重新编码，可采用看、听、记、背、说、写、做等多种形式复习整理知识，不必一味机械重复。研究表明，复习的效果在于编码的适宜性，而不在次数。

（2）当天进行复习。要求孩子听讲之后尽早进行复习，可减少遗

忘。同时可使新旧知识联系起来，搞清楚知识前后的联系和规律。

（3）单元系统复习。这一般在测验和考试之前进行，这种复习重点领会各知识要点之间的联系，要抓重点和难点，并使知识系统化、结构化。对错题进行再次练习被证明是提高成绩的法宝。

（4）假期不忘复习。每年的寒暑假及劳动节、国庆节闲暇时间较多，家长可以督促和提醒孩子，除完成作业外，应适当复习，防止遗忘。在节假日，孩子还可以适当阅读课外书，加深和拓宽对知识的理解、巩固和运用。

知识的积累就像建造房子，从砖到墙、从墙到梁，是一个循序渐进的过程。家长在督促孩子学习的时候，也一定要让孩子养成预习和复习的好习惯，预习和复习的时间并不需要很长，但效果会很好，磨刀不误砍柴工，就是这个道理！

告诉孩子，作业要独立完成

我们都知道，学习是学生的天职，而要学习就离不开做作业。可能有些学生认为，只要听好课就能取得好成绩，作业无所谓，于是，他们常把作业当作完成任务，也有很多抄袭作业的现象。而实际上，老师布置的作业都是他所讲解的知识的浓缩，做好作业，能帮助学生更好的消化这些知识。

我们发现，那些成绩优异的孩子在分享自己的学习经验时，都会提到独立完成作业这一点，他们认为，认真做老师布置的作业也是准备考试的重要环节。老师布置的作业要独立完成，努力思考，积极开动自己的大脑，结合上课老师所讲的方法解决题目。

为此，我们要与孩子定立规矩——独立完成作业，让孩子把每次的作业当成一次考试，因为只有专注，才会有高效率的成果。

有位母亲谈到教育孩子的经验时说："常常听有些家长说自己的孩子晚上做作业都要到12点。其实并没有这么多作业，问题的关键是效率不高。在我看来，提高效率有两种基本途径：专注和限制时间。专注说来容易做起来却很难，我们可以培养孩子专注的能力。我们家很小，所以我的女儿每天都是趴在饭桌上学习的。她告诉我，饭桌上的香味往往很容易分散人的注意力，但她会不断给自己暗示，必须投入学习，心无旁骛，现在看来效果真的不错。限制时间是提高效率的另一个有效途径。平时作业就要训练自己在规定时间里完成，到了考试时才会从容不迫。"

的确，父母都明白，孩子做作业时，要做到两点：专注和限时，而这两点是任何一个成绩优异的孩子都必须训练出来的素质。

如果你问：人在什么情况下才能不走神呢？只有当一个人被规定在一定时间内，要完成某一项任务时，这个人的注意力才会高度集中。考试基本功的好坏就在于平时对作业的态度。因此，我们应该对孩子的考试素养和习惯进行培养，我们要告诉孩子，在做作业的时候，也要像考试一样紧迫，那么考试的时候就感觉像在做平时的作业，就会很容易。

独立完成作业，强调的当然是"独立"二字，作业不独立完成就完全失去了作业的任何积极意义，那就不如不做。此外，我们要让孩子明确的是，一定要坚决反对那种单纯任务观点，为应付老师检查而做作业的不良习惯。作业实际上是课堂学习的继续，通过做作业巩固课堂所学知识，检验课堂听讲的效果，培养自己独立思考、分析问题、解决问题的能力，提高学习的自觉性和积极性。当然作业中出现的疑难问题，在经过充分的思考、分析后可以向老师、同学请教或开展讨论，对作业中的错误，要及时分析原因进行订正。

可见，一个学生，只有做好作业管理，才有可能取得好成绩。而父母，就要给孩子订立规矩，力求孩子在做作业时做到限时和专注。

1.限时

孩子回家写作业，要记录做作业的时间，要限时学习，以提高学习效率。

2.专注

孩子做作业时，告诉孩子一定要坐得住，父母也不要打扰孩子。身处安静的学习环境，孩子才能专心学习。我们可以帮助孩子限时，要记录开始和结束的时间，至少要45分钟别动地方。

总之，我们如果能让孩子记住以上两个做作业的要点，相信孩子一定能从做作业中有所收获！

规定孩子每天阅读10分钟

有人说，人的灵魂不能浅薄，庸俗，无聊，它永远在追求最高尚的东西，使之高尚的重要渠道就是读书。书是人类进步的阶梯；书是智慧的殿堂，珍藏着人生思想的精粹，是金玉良言的宝库。我们培养孩子，使之成为一个精神富足的人，方法有很多种，其中就包括读书，而让孩子爱上书籍的一个重要方法就是让孩子养成阅读的习惯。为此，我们可以为孩子规定每天阅读10分钟。久而久之，孩子的知识面和阅读能力就会提升不少。

我们先来看看下面故事中的妈妈是怎么教育孩子的：

"我在一家私营企业担任会计，每天有数不完的事情，但即便这样，我还是不忘对女儿的教育。女儿今年6岁了，年初，我就和老公商量，谁有时间，就带女儿去图书馆。刚好，最近我在电视上看了一个'书香润童年'的活动，主要是倡议我们鼓励孩子多看书。还记得我在北京读书的时候，第一次上古代汉语课，教授说他这辈子第一次去首都北京，最难忘的不是天安门，也不是长城、故宫、颐和园，而是首都图书馆。他说当他一走进首都图书馆的大门，立刻就被知识的力量震慑住了，浩瀚的知识的海洋把我们映射的如此渺小。

"'学无止境'，这就是图书馆给我们每个人的感觉。这天周末，我说去图书馆，女儿一脸的兴奋，不错，小家伙对读书不排斥。来到图书馆，我先办了读书卡，然后对女儿说：'小白，进到图书馆里面一定不能大声说话，因为叔叔阿姨们都在安静地读书学习，声音太大会影响别人,你要像楼下的小妹妹睡着了那样轻轻地走小声地说。'女儿用力点点头'嘘'了一下。

"看了一下图书馆的布局图,我发现儿童读物在三楼,走到三楼阅览室,我再次对女儿'嘘'了一下,女儿非常配合,静静地随着我穿过一排又一排书架,最后找个位子坐了下来。小家伙找到自己喜欢的读物后,就乖乖看起来。

"到下午5点的时候,我提醒女儿该回家了,她才不舍地离开读书馆,我问女儿有什么感受,她说:'妈妈,以后我们可不可以自己盖一个图书馆,里面好多好玩的东西。'我知道,我们这一次图书馆之行起作用了,女儿爱上读书了。"

这个故事中,我们看到了一对母女的图书馆之旅。可以说,从小出入图书馆的孩子有着卓越的学识和特有的气质,因为读书是一项精神功课,对人有潜移默化的感染。这种特殊的气质,就是由阅读潜移默化养就的。因此,即便你的孩子相貌平平,但只要你经常带他出入图书馆,让他进入浩瀚的书海,他就能获得新生,就会变得越来越自信,变得越来越有气质。这种学识从他的一举一动上都尽显无疑。

然而,孩子在还小的时候,并未认识到阅读对人的精神世界的润养作用,为此,我们需要与之定立规矩,帮助其养成阅读习惯。作为父母,我们需要做到:

1.弄清孩子不爱阅读的原因

如果你的孩子不爱读书,你需要了解孩子不爱读书的原因,是因为识字量不够,还是对内容不感兴趣。如果是识字量问题,可以先引导孩子听书，让他感觉书里的很多事有些意思，再引导他来看书。当孩子对书籍感兴趣了，才会愿意主动阅读。如果是内容问题，你可以从孩子感兴趣的内容入手，逐渐扩展。

2.帮助孩子挑选读物，让其读好书

真正有利于孩子成长和身心健康的书才是好书。另外，图书馆的书虽然多，但不同年龄段的孩子，应读不同的书，读什么书，需要父母对孩子进行指导。

3.为孩子规定，每天最少阅读10分钟

习惯的养成最少需要21天，孩子的阅读习惯也是如此。一开始，我们可以带领孩子阅读，当孩子养成习惯以后，就会把阅读当成每天的精神粮食了。

"腹有诗书气自华"，作为父母，应该明白的是，丰富孩子的视野、提升孩子的品格最为重要的方法之一就是阅读。因此，我们应为孩子定立规矩，让孩子在书籍的海洋中遨游，以此来扩大他的阅读量，丰富他的视野。和书籍在一起，孩子永远不会叹息！

让孩子养成自学的习惯

虽然素质教育要求给学生更大的自主空间，但事实上，在升学压力面前，很多家长还是选择"填鸭式""灌输式"的教育方式来教育孩子。不管是在课堂上，还是在家庭教育中，孩子总是在老师或者父母的监督下学习，一直处于被动学习的状态。而我们已经进入了终身教育时代，学习已经成为一个人一辈子的事情。联合国教科文组织出版的《学会生存》一书中指出："未来的'文盲'不再是不识字的人，而是没有学会怎样学习的人。"现代社会知识更新换代速度非常快，要想孩子不被时代抛弃，父母的教育方式就要改变。

孩子终究是要步入社会的，而那时，他们不可能再接受老师和家长的知识灌输，这就要看孩子的自学能力了。所以说，未来的竞争是自学能力的竞争。教育反映时代精神，在这个知识更新换代速度飞快的时代，只是一味地让孩子去吸收知识已经不现实了。那么，应该怎么教孩子？教什么？这些问题值得每一对父母深思。

陈欣被称为初一三班的"小百科全书"，当然，这个外号有点夸张，但足以表现陈欣的知识面之广。她特别喜欢看书，无论是课外的还是课内的，无论是政治性的还是历史性的。大家以为陈欣喜欢看课外书会耽误学习，但事实上并不是如此，陈欣的成绩一直是班上前5名。

"陈欣，你经常看课外书，你爸妈不管你吗？"

"我爸妈挺理解我的，他们说，课外学习是自学的一种方式，只要我愿意看课外书，我爸妈都支持我，并且，我们还定了规矩，我们每个月都要读完一本书，我们一起阅读，妈妈还会教我一些怎样记住课外知识的方法，真的挺管用，不然我也记不住那些知识点。现在老师上课的时候，我感觉有些知识自己都学过，这就是学习课外知识的好处吧！"

"还是你爸妈开明啊，在我们家，只要是课本和练习册以外的书，都被没收了，唉！"

"是啊,我们家也是,真希望我们的父母都能像你爸妈一样!"

俗话说:"授人以鱼,不如授人以渔。"孩子的学习也是一样,教给孩子知识,不如教给孩子学习知识的能力——自学能力。学习本来就是孩子自己的事情,可以说,只有学会自我学习,才能够学得好、学得多。自学能力越早培养越好,这样孩子才能在未来的竞争中立于不败之地。

另外,从短期来看,自学能力的培养,也有助于孩子学习效率的提高,因为真正高效的学习是主动的学习,而不是被动的。孩子除了要去记忆外,还要用脑子去思考,动手去实践,用心去体会,只有手脑并用的学习才是高效的。

当然,我们的孩子还小,没有很强的自制力,这需要父母与之定规矩,而在定规矩之前,我们需要进行引导,具体来说,我们可以这样做:

1.激发孩子的求知欲和好奇心,让孩子产生自学的兴趣

好奇心是孩子自学的内在性动机。柏拉图曾说:"好奇是知识之门。"陶行知先生也曾说过:"发明千千万,起点在一问。"求知欲是驱动孩子主动学习的源泉,作为父母,要因势利导地激发孩子的好奇心和求知欲,然后让孩子满腔热情地积极主动地去探索,去学习。家长要有一双善于发现孩子追求知识方向的眼睛,引导孩子通过主动的努力奋斗,实现自己追求的目标。

孩子本身有非常强的好奇心,能否主动积极地学习,在很大程度上取决于父母的引导。父母在教育中要遵循启发诱导的原则,营造有助于孩子积极参与的问题情境,这是培养自学能力的很重要的一方面。如在孩子自学的过程中,要鼓励孩子自行找出问题,然后把孩子的自学情

况以问题的形式反馈回来，对孩子反映普遍的问题进行收集、归纳、整理，对这些问题进行重点讲解。对孩子通过自学完全可以掌握的问题，就以提问的形式，让他自己回答，要对回答予以肯定。这样也就调动了孩子自行探究问题的积极性，提高了孩子自主学习的自觉性，提高了自学能力。

2.引导孩子体验自学的快乐

只有将快乐寓于学习之中，孩子才会有积极性。作为大人，如果不能快乐地做一件事，这件事绝对不能百分百地做好，何况是孩子？要怎样地让孩子快乐地学习呢？在孩子的自学过程中，家长们要善于引导和将一些趣味性的知识掺和其中，让孩子觉得自学也是一件快乐的事。此外，可以经常进行一些亲子活动，在让孩子活动中学习，这种方法简单有效，也会事半功倍。

3.订立规矩，培养孩子自学的习惯

"播种一行为，收获一种习惯；播种一种习惯，收获一种品格；播种一个品格，收获一种命运。"孩子自学习惯的培养不是一朝一夕的事，必须从中小学就严格要求，严格训练。而孩子的自学能力更需要家长的培养和指导。家长要定时检查，要规定时间，切莫惩罚，要抛弃"棍棒下面出天才"的陈旧观念。只有在督促检查中加以正确引导，才能不断提高孩子的自学能力，培养出良好的自学习惯。

4.让孩子把自学当成课堂学习的辅助线

在学校学习的学生当然是以课堂学习为主线，那么课外的自学如何进行呢？很简单，课外的自学可以成为课堂学习的辅助线。也就是说，父母在培养孩子课外自学能力的同时，要尽量将这些课外知识和课堂知识结合起来，这样，孩子不仅能开阔视野，还能搞好课堂知识的学习。

5.教会孩子合理安排时间

很多父母担心孩子课外学习会占据太多时间而影响正常的学习，其实，只要教会孩子合理利用时间，二者并不冲突。这要求父母帮助孩子做到以下三点：

（1）让孩子学会挤时间，就是要会利用分散、零星的时间，把这些时间纳入到自己的学习计划中去。

（2）让孩子合理安排时间，就是不要平均使用时间，而要把主要时间用在主要学科、重要问题和急迫要解决的问题上。

（3）培养孩子紧张快速的思维习惯，培养思维的敏捷性，有助于提高单位时间的学习效果。

当孩子形成了课外自学的能力，不仅能提高孩子的学习效率，即使孩子离开学校，依然可以成才。每个孩子都是可以成才的，而打开成功之门的钥匙就在孩子手中，只要我们重新审视教育观念，让孩子主动学、自己学，那么每个孩子都可以成才。

第05章

定说话礼仪规矩，培养彬彬有礼的好孩子

一个人的素质很大一部分表现在语言是否得当、得体上，一个具备良好素质的人，绝不会满口脏话、言语粗俗、谎话连篇，这也是判断好孩子的标准。可随着物质生活水平的提高，很多家庭把更多的教育重点放在了孩子的文化学习和生活质量的提高上，娇惯孩子，而忽略了孩子的身心发展，导致了很多孩子满口污言秽语。为此，在孩子成长的过程中，我们有必要为孩子订立一些说话礼仪规矩，让孩子杜绝脏话、谎话、目中无人的话等，这样，我们才能培养出彬彬有礼的好孩子。这样的孩子，自控力也更强。

告诉孩子尊重别人就是尊重自己

自尊，是人们对自己价值的正确评价，是我们相信自己的价值和能力的正确观念，凭着它我们可以应对生活中遇到的任何挑战。随着我们每个人知识的增长、技能的提高和能力的增强，自尊也越来越强，这个过程与肌肉经过不断训练变得更强壮十分类似。在家庭教育中，如果父母替孩子做了他们自己能做的事，就干预了孩子的正常发育——心理学家弗兰克·沃尔顿称之为"心理肌肉"，就好像父母坚持替孩子举本来孩子能举动的东西一样，从而阻碍了孩子身体肌肉的发育。

现代社会，很多父母已经认识到为孩子定规矩的必要性，他们认识到溺爱和娇惯孩子是在扼杀孩子的生存能力，认识到让孩子饭来张口、衣来伸手，时时、事事、处处都处于家庭的中心位置实际上是孩子产生任性和蛮横行为的根源，他们不再对孩子的要求无条件地满足。的确，选择正确的家教方式，既关心爱护孩子，又要对孩子严格要求，不娇宠、不溺爱孩子，这能使孩子学到独立面对生活的本领。但也有很多父母在为孩子订立规矩的时候，犯了过犹不及的错误，淡化了父母的关爱、过于压制孩子的物质需求，让孩子在困境中衍生自私自利、过于自尊的性格缺点。这对孩子的身心发展是极为不利的。

其实，家长在为孩子订立规矩的时候，要告诉孩子：尊重别人就是尊重自己。要以约束为主，鼓励为辅，正如鲁道夫·德瑞克斯所说："孩子需要鼓励就好像植物需要水分。"

一个要想得到尊重的孩子，就必须先尊重别人，这对于处于逆境中的孩子也一样。尊重是自己争取的，而不是别人给的，家长让孩子克服以自我为中心的思想和任性、蛮横行为的同时，也要防止矫枉过正，注意在平时的日常生活中对孩子进行正确的引导和鼓励，具体来说，家长应做到：

1.积极参与，始终与孩子同在

虽然生活中有很多因素在孩子的成长中起作用，但是家庭氛围、家长和孩子之间的关系是重要的因素之一，而且是家长最能够积极参与的因素。父母在家庭中的价值观念和行为举止、观念信条等都将会对整个家庭氛围和孩子观念的形成产生最深远的影响。

在家庭中培养孩子的尊重观念要通过强调其正确性、可能性和潜力。生活中充满了失败、失望、否认、抗拒等诸多困难，如果除了这些生活本身的艰难和残酷之外，孩子还要对自己和别人持有悲观失望的态度，那么他们极有可能被生活的苦难淹没，至少他们的生活中会缺少欢乐。那些相信自己并对别人持有基本的信任、内心又十分上进的孩子能够迎接生活中的任何挑战，并真正获得尊重。这种积极进取的心态也会使人心胸宽广、性情开朗。但也有一些孩子，为了在逆境中赢得尊重，却显得不尊重别人且过于自尊，而这两种截然不同的品质的形成，是与家长的鼓励和参与有直接关系的。

2.把尊重他人作为家庭价值观

家庭价值观是指父母双方都遵从的，并且渗透到家庭日常生活中的价值观念，如尊重。家庭价值观对孩子有十分强大的影响力。但是当这些价值观念强加给孩子时，他会拒不接受，只有家长持之以恒地言传身教，并且不断地鼓励孩子，他们才会接受。父母可以把尊重别人作为家庭价值观甚至是一种制度让孩子从小履行，这样，孩子就会把尊重当成一种习惯，即使在遇到困难和折磨时，也不会抛弃这一观念。

能够对孩子的观念产生最有意义的影响的、最重要的家庭价值观是有关社会价值方面的，这种有关社会的观念关注的是人的价值和人与人之间的关系，那些懂得尊重别人的孩子往往是受了以下家庭价值观的影响：

（1）所有的人都是有价值、有意义的个体，都值得尊重。

（2）每个人都应该富有协作精神。

（3）尊重别人非常重要，理解、接受和尊重来自不同家庭和背景的人。

（4）摩擦和冲突是不可避免的，但可以通过友好文明的方式加以解决。

3.尊重和信任孩子

孩子也需要父母的尊重和信任。这就要求家长对孩子的感受表示理解和关心。每个人都有感情，而且有时会感到迷惑或痛苦。要努力理解孩子的感受，而不要由此对他们形成什么判断或者试图改变他们，让孩子感觉到自己被接受、被尊重，相信他们能够为今后面对生活中的困难做好准备。

总之,父母在为孩子定立规矩的时候,不要忘了鼓励孩子,要鼓励他尊重别人,还应当考虑这个规矩是否适合孩子的成长发育,这一点也很重要。其次,给予孩子充分的信任,相信孩子能自己走出困境。充分相信他们的能力对孩子十分有意义,可以这样对孩子说:"我知道这件事很难,但我相信你能处理。"这样会极大地激发起孩子的勇气和信心。

教育无小事,作为家长,要教育孩子"尊重别人的人才会受到尊重,尊重别人就是尊重自己"。从每一件小事培养,抓住每一个细节,让我们做得更好!

定语言礼仪,从小培养孩子优雅的谈吐

作为父母,我们给予孩子的不仅是生命,还有人格力量、品质、修养等部分。一个出色的人,与良好的家庭教育是分不开的,正如塞德兹所说:"人如同陶瓷器一样,小时候形成一生的雏形,幼儿时期就好比制造陶瓷器的黏土,给予什么样的教育就会形成什么样的雏形。"每个孩子都希望被周围的人喜欢,要做到这一点,孩子就必须拥有优雅的谈吐。

谈吐优雅的孩子待人接物彬彬有礼、不卑不亢;谈吐优雅的孩子,餐桌上行为得体;谈吐优雅的孩子,不和父母顶嘴,不打断别人说话;谈吐优雅的孩子,随时随地体贴照顾他人,尊敬和关心他人;谈吐优雅

的孩子，把"请"和"谢谢"挂在嘴边。总之，谈吐优雅不仅赋予了孩子大气、得体之美，更为孩子成为淑女、绅士奠定了最强有力的基础。已踏入社会的父母更是深深明白，举止优雅将会为长大后的孩子带来无穷的魅力。但在现实生活中，由于家庭教育中孩子修养教育的缺乏，很多孩子在谈吐上没有形成一种很好的习惯，要让孩子从小养成良好的语言习惯，需要父母对其定规矩。

一位母亲道出了自己的忧愁："人家小姑娘穿的干干净净的，说话甜甜的，很讨人喜欢，但我女儿就是个'皮大王'，说话大喊大叫，把玩具弄得'身首异处'，喜欢和男孩子在一起疯，小裙子上总是脏兮兮的，我怎样才能培养出一个谈吐优雅的小淑女？"

的确，作为父母，我们都希望自己的孩子谈吐优雅、举止得体，那么，我们究竟应当怎样去约束孩子不当的说话方式，一点一滴地培养起孩子优雅的谈吐呢？

1.以身作则

无数事实证明，父母的一言一行对孩子的影响是巨大的，如果父母说话大嗓门，那孩子说话也必然不会细声细语；如果父母说话无所顾忌，孩子自然也会大大咧咧……所以要想培养出孩子优雅的谈吐，父母必须注意自己的语言习惯，以身作则。

2.告诉孩子谈吐优雅的标准

在日常生活中，父母不妨参照以下标准，对孩子提出合理正确的要求：

（1）父母要教育孩子，与人谈话的时候，要表现出对他人的尊重、理解和善意，要面带自然的微笑，千万不要出现剔牙、掏耳、挖鼻、搔痒、抠脚等不良习惯动作。

（2）在言谈措辞上，父母要让孩子养成使用文明礼貌用语的好习惯，如经常说"您好""谢谢""请""对不起""没关系"等。父母还应告诉孩子，沉默寡言、啰唆、重复都是不正确的语言表达方式。需要注意的是，父母向孩子讲解优雅举止的标准时，不要用教训命令的口吻，而要循循善诱、谆谆教导。当谈吐优雅成为孩子一种不自觉的习惯，孩子卓尔不凡的气质也就形成了。

3.要多提示和表扬孩子

孩子的一些错误的语言往往出于考虑不周，而不是有意冒犯。如果父母此时严厉斥责，制定规矩，往往会使孩子产生反感和抵触情绪。因此，想让孩子变得谈吐优雅，最好的方式就是提示和表扬。

父母可以制定一些家庭内部的基本原则来引导孩子，例如，如果你想说："你这个没教养的孩子，吃饭时不能大声说话！"可以换成这样说："我们家的规矩是吃饭时不能大声说话。"这样孩子比较容易接受，因为你是在说一种制度、一种行为，而不是在批评他。

谈吐优雅是一个孩子有修养和气质的重要表现，谈吐优雅的孩子，能由内而外散发出一种馨香。父母如果在孩子还小的时候，就注重对其谈吐的培养，那么孩子长大成人之后，势必会成为一位高贵、文雅的优秀者！

杜绝孩子说脏话，培养出文明礼貌的孩子

也许，在孩子还小的时候，无论是老师还是父母都嘱咐孩子要文明礼貌，不能讲脏话，但是随着孩子年纪的增长，逐渐忽视了这一教育，转而把目光都放在了孩子的学习上。而事实上，孩子是需要全面发展的，这也是素质教育的宗旨。要知道，一个满嘴脏话的人，无论是生活、工作还是学习，都无法获得他人的尊重和友好协作，也不易获得友谊和自信，因此往往缺乏幸福感。要想使孩子成长为有所作为的人，父母就应教孩子从小懂礼貌、讲文明。

如果你的孩子总是说脏话，那么，你需要从以下几个方面来引导他，并定立规矩：

1.冷静温柔地教导孩子

父母在听到孩子说脏话时，不要惊慌失措，也不要气急败坏地责骂，更不能置之不理，要冷静，蹲下来，严肃而不凶悍，以和缓的语气教导孩子。例如：

"孩子，你刚才说的那句话，用的词语很不好，你知道我说的是哪个词语吗？"

"这个词语孩子不能说，知道吗？"

"为什么不能说呢？因为你说这个词语别人会认为你不懂说话，说你学习不好，看不起你！"

"你愿意让别人看不起吗？"

"那么，你应该怎么说，说给妈妈听。"

"对啦!这样说才是好孩子。"

孩子说脏话时家长最难做到的就是"不生气",但一生气,孩子就听不进你说的话了。还有一些家长喜欢和孩子说大道理,让孩子不耐烦,反而失去教育的功效。所以,孩子说脏话时,家长要冷静温柔地教导。

2.以身作则,杜绝孩子学习脏话的来源

生活中大多数情况是这样的,大人有时也会语出不雅,但都习以为常,不会觉得有什么异常。而脏话从孩子嘴里说出来就特别刺耳,要是他们在大庭广众下冒出些脏话,父母更是想找个地洞钻进去。其实,家长也应该拒绝脏话,在家里建立互相监督的制度,如果父母不小心在孩子面前说了不文明的词句时,一定要向孩子承认错误,以加深他不能说脏话的印象。

3.教会孩子一些基本的礼仪知识

家长应该从小教导孩子学习一些礼仪知识,这也是文明行为,包括见面或分手时打招呼、握手,与人交谈时眼神、体态和表情要体现出对对方的尊重。久而久之,孩子就会认识到说脏话是一种不礼貌的行为,就会努力改正。

4.孩子说脏话,千万别强化

孩子说脏话,多半是模仿、好玩,是为了显示他的某种本事。碰到这种情况,你千万别笑,更不要流露出惊奇的神色,有时严厉的训斥也是无济于事的,因为这样反而会强化他的行为。其实孩子并不一定知道脏话的含义,主要是为了得到父母对他的反应或注意。如孩子从小伙伴那儿学了几句骂人的话，一边说，一边开心地大笑，这时，我们心里挺恼火，但也要强忍着不显示出任何兴趣。只有这样，他才会觉得索然无味。久而久之，那些不好听的字眼或脏话就会逐渐被忘掉而消失。当然，也可以寻找比较恰当的时机，告诉孩子，说脏话很难听，只有坏人和不学好的人才讲脏话。在日常生活中，孩子有时能用自己的语言来赞赏或描述他喜欢的人和事，这时，我们一定及时鼓励表扬，让他感觉到美的语言是令人愉快的。

5.使用幽默的语言

训练孩子使用幽默的语言来代替脏话来表达自己的情绪。例如：

"×××，你说话像放屁，昨天说今天还我钱，怎么不还？"

告诉孩子可以这么说："你昨天说今天还我钱——昨天是四月一号吗？"

如果对方知道四月一号是愚人节，立刻就明白了。

当然，孩子还小，幽默需要较高的语言水平，但也不妨试一试，让孩子有个努力的目标，就不会再去说脏话了。

6.用积极的情绪感化孩子

许多父母常常会在工作繁忙时忽略了孩子，没有和孩子定时互动，这样，孩子以为父母不爱他，便会故意说脏话来引起注意，所以，要防止孩子养成说脏话的习惯，最有效的办法就是：每天至少给孩子半小时。这半小时，说说笑话、玩玩小游戏、一同读故事书，或者聊聊天。总之，做什么都好，让孩子感受到亲子相处的愉快，就不会染上说脏话的坏习惯了。

总之，满嘴脏话是一种不良的行为习惯，是有失礼仪的表现。孩子不懂得尊重他人，在人际交往之中就会产生许多摩擦，也会失去许多朋友和机会，父母在关心孩子成绩的同时，决不可忽视这一点。

及时制止孩子颐指气使、目中无人的行为

身为父母，都希望自己的孩子是一个快乐、彬彬有礼、善良而正派的人。教育孩子，一个重要的目标就是让他有一个健康的心态、一个温文尔雅的姿态，但现代社会中有很多家庭都是独生子女，这些孩子往往自以为是，独断独行，目中无人。而孩子目中无人、颐指气使的心理的形成，多半与父母错误的教育方法有关。爱孩子，并不是对孩子娇生惯养，对孩子的任何行为都听之任之，更不是让孩子成为一个飞扬跋扈、缺乏教养的人。

有人说过，只有不成功的父母，没有不成功的孩子。家长无论想把孩子培养成牡丹还是富贵竹，都要根据孩子本身所具有的特性，因势利导。没有哪个孩子天生就是目中无人的，任何不良的品质都和家庭有着千丝万缕的联系。作为父母，如果孩子目中无人、没有礼貌，那么，我们就有必要反思一下自己的教育方式是否出了问题。

在某所贵族学校，曾经有个女孩被学校老师称为"暴力女孩"，她喜欢纠合学校的一帮女生欺负自己看不惯的同学甚至很多老师，后来她被学校开除，她坦承自己这种坏品行和自己的父亲有关。

原来女孩的父亲是一个暴力主义者，母亲在家里一点地位也没有。一天晚上，她原本是和朋友一起去看电影，但出门不久，发现电影票忘带了，当她返回准备进家门时，却在门缝里看见父亲将母亲压在地上使劲打。女孩气急败坏，冲上去就揍了父亲一拳。结果，那天晚上她在床上翻来覆去，无法入睡。一整晚，脑海里不断重复上演所看到的那些画面。女孩从此性情大变，一步步堕落。

为什么会这样？因为爸爸给女儿上了一场"暴力课"。在家庭都育中，父母要注意家庭对孩子的影响，并及时制止孩子颐指气使目中无人根据孩子的行为特点，有针对性地制定一些具体的规矩，使之成为一个有教养的孩子，具体来说，父母要做到以下几点。

1.制定规则。

家长一定要让孩子明白什么是父母可以容忍的、什么是父母决不能容忍的。要有的放矢，坚定自己的信念和原则，然后给孩子制定相应的规则。

2.一次只解决一种没有修养、没有礼貌的行为孩子

目中无人往往表现在很多方面，假如孩子一直重复出现某种不良行为，那么你就要集中注意力了。的确，也许你的孩子有一大堆的行为问题需要解决，但是要改善孩子行为最有效的方式就是一次只解决孩子的一种不良行为，这样你将更有可能去永久制止孩子的不良行为。一个个解决以后，你的孩子就能形成一种习惯，成为一个行为优雅的孩子，更显教养。

3.冷静地与孩子沟通

如果孩子破坏了你定下的规矩或者是表现出某种不良行为，你就应该考虑严格要求孩子了。每次在和孩子说话前请做一个深呼吸，尽量让

自己保持冷静。如果你需要暂停一下，过一会儿再说，那么不妨一试。然后请看着孩子的眼睛说出你的要求，要确保你已经引起了孩子的注意。请记住，你的目的是在对孩子的疼爱中规范孩子的行为，而不是在愤怒中斥责孩子。

4.建议孩子进行积极的选择

具体来说，你希望孩子形成哪些好的行为呢？请给孩子提供一两个可以进行正面选择的机会。如"请你温和有礼地和我说话。""下次你该怎么做才能保证不会再以这样的语气和邻居阿姨说话呢？"

5.向孩子讲明后果

如果孩子继续违反规则或者他依然没有改正自己的不良行为，那么你需要向孩子讲明他这样做的后果。例如"如果你不能温和有礼地跟我说话，你就不能用手机。""如果你再对你姐姐大喊大叫，就关你禁闭。"请记住，你的说明务必做到具体、简短而又严格。如果孩子再次出现不良行为，你也可以考虑征询一下孩子的意见，看看怎样的处理结果才算公平。一般来说，与父母选择的处理方式相比，孩子们的选择往往会比较公平，而且更符合他们的"罪行"。

6.当场纠正孩子蛮横、目中无人的错误行为，落实和孩子之间达成的协议

即使他的不良行为依然没有改正的迹象，也要把你和他之间达成的协议坚持完成。你必须保持协议的一致连贯性，而且要做到言出必行，这样孩子就会明白你是认真的。一旦孩子出现不恰当的行为，你就应该马上加以纠正。

任何人都希望自己的孩子聪明伶俐，落落大方，待人彬彬有礼，这样的孩子不能是目中无人、骄纵的，而应该是有修养、温婉大方的。父母要教育孩子，悉心地呵护、培育孩子，但不能骄纵他，一个颐指气使、目中无人的人是不会被人喜欢的，家长不能因自己教育的缺失影响到孩子的一生！

礼多人不怪，教会孩子说些礼貌话

我们都知道，文明礼貌是中华民族的优秀传统，是人们在日常人际交往中应当共同遵守的道德准则。在孩子与人交往中，和悦的语气、亲切的称呼、诚挚的态度等，会使得孩子更加友好、更加尊重别人。俗话说："良言一句三冬暖，恶语伤人六月寒。"文明的谈吐和行为是孩子具有良好修养的表现，讲文明礼貌能促进孩子和别人之间的团结友爱，是与他人之间情感沟通的道德桥梁。

培养孩子礼貌待人的好习惯，需要父母从日常生活中的细节入手，不要让孩子出言不逊、恶语伤人，失礼不道歉、无理凶三分，更不能骑车撞倒人后扬长而去，乘车争先恐后，在公共汽车上见老人或抱小孩的妇女不让座……防微杜渐，是防止孩子出现不文明行为的最佳方法。

因此在日常生活中，我们需要为孩子立规矩，尤其是在语言习惯上，要让孩子学会掌握一些礼貌用语，而使用礼貌用语要文明雅致、措辞恳切、热情真挚、面带微笑。礼貌用语主要有以下几种：

1.欢迎语

欢迎语指接待来访客人时必不可少的礼貌语。例如"欢迎您""欢迎各位光临""见到您很高兴"等。

2.征询语

征询语是指在交往中，尤其是在接待的过程中，应经常地、恰当地使用诸如"我能为您做什么""请问，您找谁""请问您需要帮忙吗"等征询性的语言，这样会使他人或被接待者感觉受到尊重。

3.请托语

请托语，顾名思义，就是我们向他人提出某种请求或者希望获得他人帮助时使用的语言。对此，我们一定要"请"字当先，而且态度语气要诚恳，不要低声下气，更不要趾高气扬。常用的请托语有"劳驾""借光""有劳您""让您费心了"等。

4.赞美语

赞美语是指向他人表示称赞时的用语。常用的赞美语有"很好""不错""太棒了""真了不起""真漂亮"等。在交往中，我们要细心观察，善于发现他人的优点和长处，并加以赞美。这样做不仅能拉近彼此间的距离，还能体现我们的友好，有利于获得他人的好感。当然，面对他人的赞美，也应做出积极、恰当的反应。例如，"谢谢您的鼓励""多亏了你""您过奖了""你也不错嘛"等。

5.致歉语

在日常交往中，人们难免会因为某种原因影响或打扰了别人，尤其是当自己失礼、失约、失陪、失手时,都应及时、主动、真心地向对方表示歉意。常用的致歉语有"对不起""请原谅""很抱歉""失礼了""不好意思,让您久等了"等。当你不好意思当面致歉时,还可以通过电话、手机短信等方式来表达。

6.拒绝语

拒绝语是指当我们在面对别人请求、但不得不拒绝时,采用婉转的词语加以暗示,使对方意会的语言。在人际交往中,当对方提出问题或要求,不好直接拒绝时,可以用一些推脱的语言来拒绝。例如:当别人求助我们做一件事,而我们能力有限,无法办到时,可以这样拒绝:"很抱歉,我很想帮你,但是……"

7.告别语

说告别语可能显得有点客套,但却不失礼仪。与人告别时神情应友善温和,语言要有分寸,具有委婉谦恭的特点。例如:"再次感谢您的光临,欢迎您再来""非常高兴认识你,希望以后多联系""十分感谢,咱们后会有期"等。

俗话说,"一句话能把人说跳,一句话也能把人说笑"。作为父母,我们要明白,为孩子立下一些规矩,让孩子学会得体地说礼貌话,是帮助孩子接通情感的热线、使交际畅通无阻的重要前提。

孩子说谎，如何定规矩杜绝

在中国伦理的范畴中，诚，本义为诚实不欺，真实无妄，它包含着对己、对人都要忠诚的双重内涵。诚信作为中华民族几千年积淀下来的传统美德，历来为人们所崇尚。而通常我们认为影响孩子诚信品质发展的因素主要有家庭、学校和社会三个方面。其中影响最大、持续时间最长的当属家庭教育。试想，一个嘴里不说真话的人，又有何诚信可言呢？可见，如何改变孩子撒谎的习惯，教育孩子做诚实的人，是值得父母共同去探讨的问题。

那么，作为父母，我们应如何为孩子定规矩，杜绝孩子说谎呢？

1.父母要以身作则，不要撒谎

有这样一个笑话：一位爸爸教育孩子："孩子，千万别撒谎，撒谎最可耻。""好的，爸爸。我一定听您的。""哎哟，有人敲门，快说爸爸不在家。"试想，这样教育孩子，孩子能诚实吗？

美国著名心理学家大卫。艾尔金德认为：要想让孩子有教养，守道德，父母首先必须是品德高尚的人。作为父母，不要以为在孩子面前说的是一套，自己做的又是另外一套，而没有被孩子识破，孩子就会表现出诚信的行为。孩子的眼睛是雪亮的，他们往往会以实际为取舍。因此，我们家长应时刻检点自己的言行，从日常生活中点点滴滴的小事做起，不要撒谎，只要这样，对孩子的诚信教育才会有实效。

2.父母要及时地肯定和鼓励孩子诚信的表现

孩子虽然在成长，但毕竟还小，思想和品德都未定型，我们应该抓紧实施诚信教育，时时、事事、处处都不放过，有理有力，让他们从小获得一张人生的通行证——诚信。

人人都渴望被肯定，孩子也是这样。为了满足这种需要，他们在与他人交往的时候，一般都会勇于自我表现，善于自我表现，父母在这方面应该创造条件，给予他们积极的诱导。当孩子有了诚信表现之后，父母应及时给予肯定，强化诚信的行为效果，不断加深诚信在孩子头脑中的印象。日久天长，诚信习惯自然而然就会形成。

3.掌握批评的艺术，及时纠正孩子不诚实的行为

孩子说谎，家长往往非常生气："小小年纪，怎么学会了说谎？长大成人后岂不成了骗子！"家长为孩子的不诚实担心是有道理的，但在批评孩子的时候，是要讲究方法的，这才会行之有效。首先不要损伤孩子的自尊心。家长要弄清楚孩子不讲诚信的深层次原因，千万不可盲目地批评。在此基础上，还要及时对他进行单独的批评以便抑制不诚信行为的继续发生。其次，要让孩子心服口服。不要用粗暴的方式来对待孩子，这样会把他推向不诚信的深渊，下次他就会编出更大的谎言来骗你。

4.和孩子建立真诚和相互信任的关系

你要求孩子说话算数，首先你对孩子就要说话算数。如果确实无法实现对孩子的承诺，一定要向孩子解释原因。这样孩子才能对诚信的重要性有一个深刻的印象和理解，也才会信任家长，有什么事、有什么想法才愿意告诉家长。

第 06 章

定生活规矩，帮孩子养成良好生活习惯

作为父母，我们都希望自己的孩子能养成良好的生活习惯，而孩子良好的生活习惯包括良好的卫生习惯、饮食习惯、睡眠起居习惯、与个人生活有关的行为习惯等。良好的生活习惯首先表现在科学、合理的生活制度上。为此，我们要为孩子定下规矩，如什么时候起床、什么时候睡觉、什么时候吃饭、什么时候做游戏、什么时候看电视，大体上都要有个规定，使孩子"有章可循"。当然，培养孩子良好的生活习惯，要从实际出发，对孩子提出合理的要求。良好的生活习惯是在长期生活中逐步形成的，因此，父母不能操之过急，要讲究科学性。本章我们将讨论这一问题。

制定作息时间表，让孩子养成早睡早起的习惯

俗话说"身体是革命的本钱"，作为父母，我们都希望孩子学习努力，但不能给孩子太大的学习压力，只有让孩子劳逸结合，孩子才能高效学习。而这就需要我们为孩子制定生活规矩，让孩子有个好的作息习惯。

最近，冲刺中考的洋洋总觉得自己时间不够，生怕自己考不好，不能进省重点高中，于是挑灯夜战，想抓紧最后一段时间多复习点。可由于休息不够，洋洋精神萎靡，心神不定，上课也提不起精神，为此，洋洋妈妈很担心。

生活中，不少孩子和洋洋一样，认为只有抓紧时间学习，不放过每一分每一秒，尽可能的多学些东西，才能学习好，其实这是一种误解。因为睡觉就是要自己的左半脑休息的，如果休息不好就达不到休息的目的，一整天你都会觉得全身无力，提不起精神。

这里就存在一个效率的问题。效率指什么呢？好比学一样东西，有人练10次就会了，而有人则需练100次。如何提高学习效率呢？其实最重要的一条就是劳逸结合。

学习效率的提高最需要的就是清醒敏捷的头脑，所以适当的休息、

娱乐不仅仅是有好处的，更是必要的，是提高各项学习效率的基础。

作为休息的方式之一，睡觉对于人体有很大的作用，第一是消除身体疲劳，第二是消除精神疲劳。另有一种观点认为，睡眠的主要功能是缓解大脑的疲劳。人的一生中，将近1/3的时间是用于睡觉的。刚出生的婴儿几乎每天要睡20个小时；即使成年后，每天至少也要睡7小时。而且，青春期的孩子正处于身体发育的阶段，保证充足的睡眠也是必需的。

当今社会已经不是一个"头悬梁锥刺股"即能成功的社会，学习上也是。牺牲休息时间学习，完全不顾自己的身体，这种做法有损身体健康，又没有效率，往往事与愿违。对此，作为父母，我们应该结合孩子的生理承受力，为孩子科学地安排作息时间。即使孩子学习紧张，也要劳逸结合，这才符合人的心理、生理规律。

那么，我们如何定规矩，引导孩子养成早睡早起的习惯呢？

1.每天保证8小时睡眠

充足的睡眠，饱满的精神是提高学习效率的基本。我们要为孩子规定，中午坚持午睡，晚上不要熬夜，定时就寝，每天保证8小时睡眠。

2.父母也要尽量做到早睡早起

有必要的话，父母可以和孩子一起养成早睡早起的习惯，最好全家人都动员起来，以营造良好的环境、氛围来协助孩子调整好生物钟。只要生活有规律了，无论什么季节，孩子都能拥有健康、元气饱满的一天！

3.用饮食来协助调整

饮食也会影响睡眠，如果晚餐吃得过饱或摄取热量过高的食物，孩子可能会出现肠胃不适，或者精力过于充沛，这都会导致睡眠质量不好。如此恶性循环，不只对于孩子的健康十分不利，对成人也一样，因此，我们和孩子都要注重早餐吃饱、午餐吃好、晚餐吃少的原则。

4.告诉孩子要睡好午觉

我们不要忽视午觉的作用。在午餐和晚餐中间，一般人都会觉得头昏脑胀，思维迟缓，好像也不太能集中精神，这是人正常的生理反应。越来越多的证据显示，在经过半天的活动之后，有一股力量会驱策我们休息一下，同样，对于学习阶段的孩子来说，更应重视午觉的作用，让大脑得到休息，否则过度地用脑会对大脑发育产生不利影响，也不利于下午的学习。

5.给孩子制定生活作息制度

给孩子制定一个生活作息制度，每天什么时间干什么，给孩子讲清楚，没有特殊情况不要变动。并且，要持之以恒。不能一到周末就玩至深夜，早上全家人都赖在床上不起来，这样很难使孩子养成良好的睡眠习惯。持之以恒地遵守作息制度，时间长了，孩子会养成早睡早起好的习惯的。当然，养成好习惯不是一天两天的事情，需要我们耐心引导，一定不能操之过急。

要为年幼的孩子定饭前便后洗手的规矩

吃饭之前要洗手，这是一个重要的卫生习惯。俗话说："饭前要洗手,病菌不入口。"

孩子除睡眠时间外,两只小手一刻也不想闲着,尤其是年幼的孩子,看见什么都想摸一摸,拿一拿。有的孩子还喜欢在地上玩土,这样手上就沾染了很多病菌、病毒和寄生虫卵。如果吃食物前不洗手,拿起来就吃,手上的病菌就容易随同食物一起进入腹内。

若孩子平时身体抵抗力强,病菌也闹不起来。但当孩子着凉或玩得过度疲劳时,身体的抵抗力降低了,体内潜伏着的病菌或新吃入的病菌就会活跃起来而使孩子发病。因此,父母一定要做到饭前(或吃食物前)先给孩子洗手,从小培养孩子饭前洗手的好习惯。

大小便后洗手,也是预防疾病的重要措施之一。因为很多病菌是通过粪便传播的,尤其是肠道传染病,如痢疾、肠胃炎、肝炎,还有蛔虫、蛲虫病等。如果大便后不用肥皂洗手就去拿玩具,会把病菌转移到玩具上,再边玩边吃东西,或接着去吃饭,就易感染疾病,不但会形成自身的反复感染,还会传染给其他人,可能使病情迅速蔓延。因此,孩子大小便后一定要用肥皂将手洗干净。

那么,我们如何给孩子立规矩,让孩子养成饭前便后洗手的好习惯呢?

1.父母以身作则,为孩子树立讲卫生的好习惯

孩子的卫生习惯都是从小形成的,与父母的态度和家庭习惯有很大关系,只要我们自己不偷懒,自觉起到榜样作用,孩子一定能潜移默化地养成良好习惯。

2.逐渐引导孩子认识洗手的必要性

告诉孩子为什么要洗手。手接触外界难免带有细菌，这些细菌是看不见、摸不着的，人如果不将双手洗干净，手上的细菌就会随着食物进入肚子，就会因为吃进不洁的东西导致生病。有条件的家长，可以带孩子通过显微镜观察，认识人手上的细菌，帮助孩子了解洗手的重要性。如果家长能详细地给孩子解释，相信他们能明白，并会慢慢养成饭前便后洗手的良好习惯。

3.耐心提醒

耐心提醒孩子勤洗手。有的孩子贪玩、性子急，不是忘记洗手就是不认真洗。家长应经常耐心地提醒孩子洗手，不要因孩子不愿意洗手而采取迁就的态度，因为如果父母不时刻提醒，孩子就会以为这件事不重要，渐渐忘记要去做了。

4.日常督促

父母平常要做到饭前便后洗手，外出回家后洗手，言传身教效果才会好。对于孩子呢，我们在孩子吃饭前、玩玩具后、便后等情况下，要督促他的洗手动作。

5.教给孩子正确的洗手方法

家长应教给孩子正确的洗手方法：先用水冲洗手部，将手腕、手掌和手指充分浸湿后，用洗手液（或香皂）均匀涂抹，让手掌、手背、手指、指缝等处都沾满丰富的泡沫，然后再反复搓揉双手及腕部，最后用流动的水冲干净。孩子洗手的时间不应少于30秒。

6.强化记忆

生病是孩子常见的事情,这个时候家长要向孩子讲解一些疾病的知识,如疾病是由手上的细菌引起的等,强化孩子饭前便后洗手的记忆。

7.调动孩子洗手的积极性

用儿歌或游戏等方式教孩子养成洗手的好习惯。家长可以通过讲故事的方式告诉孩子为什么要洗手,不洗手、不讲卫生会有什么后果;教会孩子《洗手歌》:"掌心对着掌心搓,手掌手背用力搓,手指交错来回搓,握成拳头交替搓,拇指握住较劲搓,指尖放在掌心搓。"家长和孩子一起边洗边唱,让孩子学会正确的洗手方法;告诉孩子什么时候要洗手,如吃饭前要洗手、上好厕所要洗手等。爸爸妈妈还可以和孩子比赛,"看谁小手洗得最干净""看谁是最讲卫生的人"等,以游戏的方式引导孩子自觉洗手。另外,要奖励孩子正确的行为。在孩子不需要大人提醒而饭前便后洗手时,家长应及时表扬,强化他们正确的行为,久而久之,饭前便后洗手也会成为孩子生活习惯的一部分。

从小培养孩子"自己的事情自己做"

现代社会,孩子由于受到家长的过分溺爱,造成了教育的"温室效应",一些任性固执、追求享受、独立性差的孩子,如习惯了家长包办一切,连生活中最基本的自理能力都没有。因为,生活中,很多家长是这样做的:

（1）早上快要迟到了，可孩子却是慢吞吞，受不了了，赶快帮他穿衣穿鞋。

（2）看他吃饭慢吞吞的，天又冷，算了，喂他吧。

（3）孩子说要自己洗澡，就怕他洗不干净，大了再说吧，还是我帮他洗。

（4）自己生病了，本来想让孩子泡个面，可营养不够啊，还是坚持给孩子做饭吧。

（5）书包可真重，现在是长高的时候，帮孩子拿不为过吧。

（6）画画后桌面一片狼藉，可睡觉的时间又到了，算了，我来收拾吧。

（7）要出去旅行了，小家伙怎么懂收拾行李嘛，肯定是我来帮忙的。

这些现象在生活中随处可见，家长充当了孩子的保护伞，却似乎没有注意到，这样会导致孩子缺乏自理能力，将来在面对、解决困难时，都会表现出缺乏自信和独立性的一面，更别说独当一面了。因此，家长必须引起重视，要为孩子立下规矩，让他尽早学会"自己的事情自己做"，著名教育家陈鹤琴先生说："凡是孩子自己能做的事，让他自己去做。"这不仅对培养孩子的独立性、自理能力很重要，同时也培养了孩子的责任感，使孩子能对自己的生活、行为负责。从小开始，家长就应该让孩子做一些他力所能及的事情，逐步养成爱劳动的生活习惯，对孩子的一生都意义深远。

有位妈妈在谈到教育儿子的心得时说："我们家里虽然是祖孙三

代，可儿子爷爷奶奶对他的独立性培养很重视。只要是儿子能力范围可以完成的事情，我们都让孩子自己做，并且形成规矩，其他人在旁边，在必要的时候给予孩子指导。突然有一天，儿子高兴地说：'我自己会穿衣服了，你们都下去吧，我自己的事情自己做。'让我感到十分高兴的是，他竟然真的自己穿上了衣服。虽然穿得歪七扭八的，但我不失时机地夸奖了他，他高兴得一蹦一跳的。"

和这位母亲一样，要教育出有出息的孩子，必须为孩子立下规矩，让孩子尽量自己的事自己做，这有助于培养孩子的自理能力。作为父母，我们要明白，孩子总有一天会长大的，小的时候受到一点挫折，凭借自己的力量解决，明天就会独立成长。孩子总要离开父母的怀抱，走进竞争的社会。父母放手越早，孩子成熟越早。早些让孩子自立，孩子的责任感会增强，并逐渐拥有主见。在这点上，家长应注意以下几点：

1.父母首先要学会放手

培养孩子的自理能力，首先父母要有让孩子独立的意识，否则所有的行为都是一句空话。而所谓独立的意识，简单一句话就是孩子能做的让他自己做，并且形成规矩，因为每个人的生活终将是每个人自己过，家长不能在他幼儿时剥夺他独立生活的意识。只有这样，孩子以后才能走得好、走得让家长放心。

从孩子学走路的那一刻，孩子就已走上自己独立的征途。对父母来说，则要做到，孩子能自己走，哪怕走得歪歪扭扭，会摔跤，也要让他自己走。

这样和孩子定规矩，孩子不抵触

2. 不要扼杀孩子的自理萌芽

其实，每个孩子都有自己动手的欲望与萌芽，不同的年龄段有不同的表现，如1岁多时爱甩开大人自己走路、自己去抓饭来吃、自己穿鞋子等，因为他们对这个世界充满了好奇，想通过自己双手的触摸来探索。当孩子有这样的表现时，家长要用笑脸，来鼓励孩子去做。

3. 自己的事情自己做

孩子到了两岁，已经可以做一些事情，这正是培养自理能力的好时候，而从自己身上开始做、自己能做的事情自己做，这是一个很好的方法。例如自己喝水、自己走路、自己吃饭等。

4. 父母要有足够的耐心

我们经常会见到：孩子在穿衣服或鞋子，穿了半天没穿好，妈妈冲到他面前，边数落边快手地帮孩子把衣服或鞋子穿上。孩子动作都是慢的，因为这个世界对于他们来说本就是新的，我们看上去很简单的东西，对他们来说却要去学，反复练习才能做到。所以，父母要有足够的耐心。

例如，父母很赶时间，但孩子还在那磨蹭，解决这个问题的方法是：总结经验，把出门的时间提前一点，如打算9点出门，就从8点10分或8点钟就准备。这样，就有足够的时间让孩子自己穿鞋穿衣了。可以奖励孩子，但不能是物质的，最好是口头上的奖励，如摸摸他的头、冲他笑一下，或者给他一个大拇指，这样就够了。孩子从家长的表情、动作就可感知你的鼓励。

总的来说，家长一定要让孩子多动手，告诉他"自己的事情自己做"，这有利于培养孩子自理的习惯和自立的能力。日常生活中，不要总是为孩子包办一切，纵容孩子的懒惰，凡事爱代孩子动手的习惯妨碍了孩子自理能力的培养及锻炼，更是剥夺孩子学会独立自理的机会。为孩子定规矩，孩子能做的事让他自己做，在孩子做时家长要有耐心，要容许孩子犯错误，只有这样，才能培养出一个独立、自理能力强的孩子！

引导孩子养成运动的习惯

我们都知道，生命在于运动，美国运动医学院的研究表明，正确的运动可帮你持久保持健康活力和苗条体态的程度高达70%。现实生活中，不少家长认为孩子只要认真学习就可以了，而忽视了对孩子身体素质的历练，这导致了不少孩子抵抗力差、免疫力不足等。而实际上，体育锻炼对于改善神经系统的调节机能，对于孩子学习能力和效率的提高，都起着积极作用。如孩子学习累了，到户外活动一会儿再回来学习，学习效率肯定会提高。这也是我们安排课间10分钟的原因。

体育锻炼对身体的良好作用，也是通过神经系统的影响而实现的。经常进行体育锻炼的人，大脑皮质神经细胞的兴奋性、灵活性和耐久力都会得到提高，灵活性提高了，反应也就更快了。从人体活动上看，表现出机灵、敏捷，它自然反映着大脑本体的敏锐、灵活，使学习和工作都处于最佳状态，并能坚持较长时间。经常进行体育锻炼的人，在自然环境中接受寒冷和炎热的刺激，从而能提高对环境变化的适应能力和对疾病的抵抗能力。

因此，作为父母，只要有条件，都要引导孩子积极进行体育运动，并形成规矩，当孩子养成运动的习惯后，不但能消除疲劳，还能减少或避免各种疾病。

那么，具体来说，我们该如何引导孩子养成运动的习惯呢？

1.多和孩子一起运动

孩子通过运动增强身体素质和智力能力的开发，不仅需要父母有运动的意识，还需要父母切切实实做到言传身教，因为身教更能使孩子积极地参与。因此和孩子一起运动，引导孩子运动，是父母培养孩子拥有好习惯的必要内容。

2.不断学习，了解各种运动的好处

在平时的生活中，可以给孩子多介绍一些运动的好处，培养孩子热爱运动的兴趣。

体育运动项目丰富多彩，各种活动对孩子的影响也不尽相同，因此作为父母，首先要了解各种运动的意义，针对不同情况加以引导。例如可以告诉孩子足球这项运动讲究的是团体合作，如果孩子缺乏这种意识，可以引导孩子尽量朝这方面发展，这样不仅锻炼了身体，也完善了孩子的性情。通过细致地了解各种运动的益处，有选择、有目的地引导孩子朝这方面发展，会收到意想不到的好效果。

3.帮助孩子选择合适的运动方式

运动分成有氧运动和无氧运动两种。无氧运动一般都是短时间、高强度的，对人的意义不大，弄不好还容易伤到自己。所以最好还是帮助孩子选择有氧运动，对人不但有锻炼身体的效果，而且还能调节情绪问题，有效地应对情绪中暑。

常见的有氧运动项目有：步行、快走、慢跑、滑冰、游泳、骑自行车、打太极拳、跳健身舞、跳绳、做韵律操等。有氧运动特点是强度低、有节奏、不中断和持续时间长。同举重、赛跑、跳高、跳远、投掷等具有爆发性的无氧运动相比，有氧运动是一种恒常运动，是持续5分钟以上还有余力的运动。当然，无论做什么运动都要做到坚持，而不能三分钟热度。长时间坚持下来，你会发现，自己不仅拥有了一个健康的体魄，还能释放心理压力，重新获得学习的能量。

4.充分利用社区的体育器械

一般来说，每个小区都配备了一套基本的锻炼身体的体育器材，父母每天上班前或下班后来这里锻炼锻炼，孩子可能因为跟风意识，不由自主地就和父母一起来锻炼了。不仅如此，一般小区的孩子都愿意在这里玩耍，这样既锻炼了身体，又沟通了孩子之间的感情，何乐而不为呢？

5.周末多安排运动来休闲

双休日时，父母不要把大把的时间放在睡懒觉、逛街、看电视上，应该有计划地和孩子进行爬山、郊游等活动，让孩子选择喜欢的地点一起去游玩，这样不仅可以调动孩子游玩的积极性，还锻炼了身体。在亲近大自然的过程中，孩子的性情会得到很好的陶冶、熏陶。爬山需要付出体力，既增强体质，又磨炼意志，这对孩子良好素质的浸染作用不可低估。

6.送孩子去喜欢的体育项目培训班

孩子们通过电视、网络等媒介,可能对某些体育项目非常感兴趣,如男孩子受武打片的影响可能喜欢武术、跆拳道,受体育比赛的影响,喜欢游泳、射击等活动;女孩可能喜欢婀娜多姿的芭蕾舞、优雅的瑜伽等。这时,父母应该积极鼓励孩子发展这些爱好,给孩子报培训班学习,让孩子在兴趣中达到强身增智的效果。

当然,我们提倡孩子养成运动的习惯,但运动不能超越身体极限,在孩子进行剧烈运动之前,要了解孩子的体能,以方便孩子在做运动的时候把握住度,以免发生危险。

鼓励孩子自己动手,培养孩子的自理能力

人类社会发展到今天,拥有动手能力和创新精神已成为一种判定人才的标准,这更是一种时代精神,作为新时代的接班人,孩子们应该奋斗进取、锐意改革,而不劳而获、坐享其成则被人所不齿。只想一劳永逸甚至不劳永逸、依赖思想特别严重、把希望全部寄托在别人身上的人最终将在竞争激烈的社会大潮中被淘汰。而作为家长,应该从小培养孩子的自理能力,让他们去经历成功和失败,他们才能独立地创造自己的明天!

科学研究证明:手的活动与精细的动作可以刺激大脑皮层的运动中枢,同时运动中枢又能调节手指的活动,神经中枢和手指反复地互相

作用能促进大脑的发育及其功能的完善。苏联著名教育家苏霍姆林斯基也说过："儿童的智慧在他的手指尖上。"心理学家也一致认为手指是"智慧的前哨",这说明手指动作发展的重要性。动手能力是一种最基本的而又十分重要的学习能力,父母在教育孩子、开发孩子智慧的时候,不妨从培养他的动手能力上开始。

这个其实并不难,只要家长不要事事代劳,鼓励孩子自己动手,并形成规矩即可。另外,生活中提高孩子动手能力的方法有很多种:

1.父母要告诉孩子"自己动手,丰衣足食"的道理

功夫不负有心人,成功的桂冠只属于那些锲而不舍、坚持不懈的人。一分耕耘才有一分收获,成功之花要靠辛勤的汗水来浇灌。从古至今,每个成功人士都历经沧桑,但他们面对困难都是迎难而上、锲而不舍,为了理想奋发进取,最终才取得了成功。

2.让孩子在日常生活中学会自理,自己的事情尽量自己完成

孩子学会走路之后,活动范围明显扩大了许多,这时的孩子非常愿意做些事情,但是他们手、脚的协调能力还不完善,做起事来常常"笨手笨脚"。家长千万别因嫌孩子麻烦或碍手碍脚而剥夺孩子学习劳动的机会,可以耐心地反复给孩子做示范,让孩子模仿,孩子慢慢地就会从不熟练到熟练,直至运用自如。可以教孩子自己逐渐学会系鞋带、脱衣服、放被褥、收拾自己的房间、洗一些简单的东西等。

3.鼓励孩子力所能及地帮助别人

家庭生活是一种集体生活,也可以看作社会的缩影,家长要引导孩子多为父母做些事情,可以是一些很小的事情,如扫地、擦桌子、洗碗

筷等，从小培养孩子为他人着想的意识。

4.对于一些年龄较小的孩子，可以培养他们对于益智游戏的兴趣

在人的智能结构中，幼儿的许多知识技能都是在操作活动中学会的，其思维也是在操作活动中逐渐发展的。因此，为孩子提供各种动手操作的机会，既满足了他们的动手兴趣，又提高了他们的动手能力。孩子非常感兴趣的形式就是游戏。游戏是孩子运用智慧的活动，在游戏中孩子的感知觉、注意力、记忆、思维都在积极活动着，孩子不断地解决游戏中面临的各种问题。这使孩子的思维活跃起来，可有利地促进孩子的注意力、记忆力、思维力、想象力的发展，同时也促进孩子动手能力的发展。

5.父母要善于称赞孩子

当孩子努力去做了，或做得很好时，父母要立即予以称赞和鼓励，以调动孩子的积极性，增强孩子的自尊心和自信心。这种称赞尽量不要以实物的形式，如给孩子买玩具、买好吃的东西等，因为这样容易刺激孩子的虚荣心，时间久了，反而会阻碍孩子的健康成长。

总之，生活中处处都有机会，孩子的动手能力随时都可以培养，父母要从传统的价值观中走出来，鼓励孩子多玩，在玩的过程中让他多看、多听、多想，关键是多动手，把孩子培养成一个自信、乐观、有创意、心灵手巧的人！

让孩子适当干点儿家务活

周末的一天，蕾蕾在家做作业，妈妈准备对全家上上下下进行一次大扫除，她喊蕾蕾把自己的床单拆下来，没想到蕾蕾却说："妈妈，你自己拆吧，我正忙着呢！"

听到女儿这么说，妈妈不怎么高兴，她心想，这孩子，都这么大了，还什么事情都不做，这样下去，以后住校了可怎么办？于是她说："蕾蕾，你都10岁了，是个大女孩了，该做些家务来锻炼自己了。"

"妈妈，你今天可真是奇怪，平时我主动要求做家务，你都不让。我说买菜，你说怕人家坑了我；我说刷碗，你怕我把碗打碎了；我说洗衣服，你又怕我洗不干净。"

"以前是妈妈不对，现在妈妈觉得错了，要是再不培养你的自立能力，妈妈怕你适应不了以后的生活啊。"

"嗯，妈妈说的对，那从今天开始，我就当妈妈的小帮手吧。"

"蕾蕾真乖，呵呵。"

和蕾蕾一样对家务丝毫不插手的孩子在现代家庭中为数不少，这不仅与孩子自己的惰性有关，更重要的是父母不恰当的教育方式：一是父母喜欢大包大揽，不懂得让孩子从小养成爱劳动的习惯的好处；二是有的父母一开始也想让孩子干一些力所能及的家务活，但孩子几次做不好，就不让他们做了；三是在"万般皆下品，唯有读书高"这种传统观念的影响下，不少父母忽视了对孩子的劳动教育。父母大多数是不让孩子做家务事的，甚至孩子自己该做的事，如收拾书包、叠被子等家长都要代劳，90%以上的家长要求孩子就只管弄好自己的学习。如此种种想法其实都是不必要的，这样做是剥夺了孩子的成长舞台，把孩子管成了事事依赖父母的"精神残疾"。

事实上，干家务活对孩子的全面发展有着重要作用。适当让孩子干点家务活不仅影响不了学习，而且还有助于培养他的意志和品质，养成爱劳动的好习惯。当孩子具备了一定的干家务的能力后，我们就要让孩子做家务，并定立规矩，这样不仅仅是为了减轻父母的负担，还可以促进孩子的全面发展。通过承担一定的家务责任，孩子能够形成自我意识，建立起自信心，更有助于孩子形成独立的人格，学到很多日常生活中的科学知识，等等，这些都会为孩子以后的成长打下基础。

生活即教育，哈佛大学曾经对456名孩子跟踪研究20年，这些孩子被分为两类，爱做家务的和不爱做家务的。20年后，他们失业比例是1∶15，犯罪比例是1∶10，收入也是爱做家务的比不爱做的高20%。而且，爱做家务的孩子长大后离婚率低，心理比较健康。由此可见，参加家务劳动不仅仅是孩子为父母分忧的权宜之计，更重要的是它关系到孩子今后的就业成才和生活幸福。

但可能有些父母会发出疑问：对于这些已经懒惰成性的孩子来说，怎样才能让他们做家务活呢？确实，现在的独生子女能做到这一点是很不容易的。放手让孩子干一些家务活，这话说起来容易做起来难。那么，有什么好方法让孩子们动起来呢？又该如何给他们制定规矩呢？

对此，父母可以采取以下招数：

1.让孩子尝尝懒惰的苦头，逼其出手

我们来看看这位母亲的训女经历：

"女儿今年初一，别说让她做家务，就连自己的袜子她都不洗，不过这也是我惯得。在她升入四年级后，学习工具、课本的增多让孩子的房间一团糟，写字台上、床上到处都是书、纸。没办法，我看不下去了只好帮她打扫。有一天早晨要上学了，她还在房间里急急忙忙地找自己的数学课本，还一边向我大发牢骚：'跟你说了多少遍了，你就让我的房间乱着，我的东西你别动，你别收拾，现在好了，我的东西都找不到啦！'帮她找出数学课本后，我故意打击她：'今后看你还要不要我收拾。'吃过几回苦头后，女儿一看到我拿着抹布向她的房间走去，就赶紧说'我自己来'。此后，女儿似乎喜欢上了收拾自己的小屋子，没事的时候，她还会采些花儿回来摆在房间里，每当周末大扫除的时候，她也加入到我们的劳动队伍中。看来，我的办法奏效了。"

2.多鼓励，让孩子尝尝劳动的甜头，使其爱出手

要提高孩子的劳动积极性，少不了鼓励和表扬。

"儿子从小就爱劳动，这是因为我经常夸他。记得儿子3岁半时，我用破衣服给他做了一个小拖把，每天让他学习拖地。虽然他那架势像是在写大字，但我仍高兴地夸他是个爱劳动的好孩子。有时，邻居们看见了也忍不住表扬他几句。得到肯定后，儿子的干劲更大了，不但要争着拖地，还抢着擦玻璃、洗碗。后来，儿子上了初中后，好像变懒了，我还是使出了旧招数。那天，我很忙，没回家做饭，等吃晚饭时我回来了，一揭锅，才发现饭菜都做好了，虽然很难吃。我无奈地笑了笑，但

还是进房间对儿子说：'你做的饭菜味道不错哦，不过如果少放点盐会更好些。'儿子高兴地答应了，下回做饭味道好多了。"

有位妈妈提到自己爱劳动的儿子的时候满脸笑容。

3.适当给孩子点好处，诱其出手

宋佳佳搬新家了，妈妈本想请个钟点工打扫卫生，宋佳佳知道做钟点工每小时有10元后，就主动"请缨"："妈，你就请我吧，质量三包，而且肥水不流外人田嘛。"想想这不仅能调动她的劳动积极性，又能让她明白赚钱的辛苦，妈妈就爽快地应承了。果然，孩子干活很卖力，卫生也做得很好，特别是她还能用赚来的钱买些参考资料和学习用品，这让她很有成就感。

不过将孩子的零用钱和家务挂钩只是一种战略技巧，还要从根本上培养孩子的家庭责任感。家长要告诉孩子："做家务并不只是爸爸妈妈的责任，你也是家庭的一分子，也有做家务的责任和义务。"

事实上，孩子并不是不愿做家务，关键在于家长要善于引导，使其保持对劳动的积极性。所以，作为父母，我们要适当超脱一些，尽早放手让孩子成长。让孩子在做好他们自己事情的同时，也多做些家务，从而培养孩子的自立能力！

第07章

定交友规矩，告诉孩子如何与他人友好相处

作为父母，我们都知道，孩子有没有社会交往能力，是他以后生存的重要方面，社会交往能力强者更容易走向成功。随着社会的进步，现在孩子的成长环境越来越优越，生活内容也非常丰富，这使孩子有了更多在外表现的可能。对此，作为父母，要抛弃担心和成见，不但要鼓励孩子与人交往，更要为孩子制定一些交友规矩，帮助孩子培养迷人的个性，进而引导他们结识好的朋友，建立纯真友谊，让他们走出狭小的自我空间，在集体中感受温暖和愉悦，在心与心的交往中丰富自己的情感世界。

这样和孩子定规矩，
孩子不抵触

定社会交往规矩，培养受人欢迎的孩子

现代社会，任何一个人都需要掌握一定的社会交往能力，一个人的价值很大一部分是在社会交往中实现的，很多父母也已经认识到这一点，并着手培养孩子的这一能力。然而，要培养受人欢迎的孩子，需要我们制定一些社会交往规矩。让孩子按照这些规矩与人交往，孩子就能做到不偏不倚、不卑不亢，也就能让他完善自己的交际能力，让他自信大方地与人交往。

"我女儿5岁半了，很可爱，就是特爱害羞，碰到熟人也一样，有时甚至还会因害羞而哭闹。我也跟她讲了很多道理，可还是不管用。这该怎么办？"

这是一位漂亮妈妈对儿童心理学家说的话。其实，孩子到了5岁，正是他初步进行社会交往的阶段，孩子在这个阶段会学习如何面对家人以外的人。在这之前他的身体还不够自如，语言表达也比较简单，更多地需要成人来猜测他的意愿。可以说，他的生活处处依赖成人。而孩子到了这个年龄以后，基本都开始上幼儿园，会接触到很多的同龄小伙伴，生活范围一下子扩大了。这时，需要他们自己去面对很多的陌生人，需要一个适应的过程。

但由于每个孩子生下来就具有不同的气质类型，一些孩子因为性格内向会有点害羞，外向的孩子可能在交往中比较大胆。气质性格类型没有好坏，只是表明了孩子对待世界的不同方式。但家长一定要注意孩子的心理成长，别把孩子的不自信当成孩子的内向和害羞，一旦发现孩子不自信，就需要根据孩子的特点进行引导，让孩子喜欢交往，擅长交往。但家长也不必担心，这个年龄段的孩子性格可塑性很大，及时正确引导，是完全可以达到效果的。

那么，家长具体应该怎么做呢？

1.创设与人接触的机会

家长可以带孩子参加故事会、联欢活动等，还可以经常带孩子走亲访友，或把邻居小朋友请到家中，拿出玩具、糖果、画报，让孩子慢慢习惯于和别的孩子交往。孩子通常需要安全感，所以起初有家长在一旁陪伴，会让他比较放心。

2.家长多进行积极引导，避免强调孩子的弱点

如有的家长会说，"我的女儿胆子小、不自信、走不出去"，实际上这是强化孩子的弱点，结果是"胆大"的孩子更"胆大"，"害羞"的孩子更"害羞"。有的家长会有意无意地说："你看人家妹妹都会打招呼，你怎么都不会说呢？"这样的比较会对孩子幼小的自尊心造成伤害，让他们更加害羞，更加不愿意说话。所以不要轻易去比较，要相信自己的孩子就是最棒的。

当有其他人问候他时，你可以让孩子自己来回答，不必代替孩子来说。如果孩子不愿意说，你可以进行一些引导，如"小朋友跟你问好

了，你该怎么回答啊？"当孩子自己与陌生人进行交流以后，逐渐就会胆大和自信起来。

3.教孩子学会自制

与人相处，可能会因意见不同、误会等发生摩擦冲突，而面对摩擦，学会克制自己的情绪就能有效地避免争论，达到"化干戈为玉帛"的效果。青春期孩子，要想克制自己，就要学会以大局为重，即使是在自己的自尊与利益受到损害时也是如此。但克制并不是无条件的，应有理、有利、有节，如果是为一时苟安，忍气吞声地任凭他人无端攻击、指责，则是怯懦的表现，而不是正确的交往态度。

4.教给孩子一些交往技巧

教给孩子一些交往技巧是让孩子逐渐自信起来的最佳办法。例如，带着有趣的玩具走到其他小朋友的身边，这就能吸引别人的注意；做与其他小朋友一样的动作，也会得到友好的回应；想玩别人的东西，就教孩子说："哥哥姐姐让我玩玩好吗？"让孩子自己去说，哪怕是你教半句，孩子学半句也好。如果得到了满意的回答也别急着玩，要让孩子学会说"谢谢"。如果得不到满意的回答，你可以打圆场，转移孩子的注意力。家长要明白，在集体中孩子是一定会经历失败的，父母现在教孩子一些交往技巧，以后孩子独立面对失败时就不会承受不起。

5.及时表扬孩子

孩子都是脆弱的，他在交往中迈出的每一步都需要父母的支持与鼓励。当孩子能大胆与其他人进行交往时，及时的表扬会让他更加自信，更乐于去与别人交往。

6.让孩子多做些运动

研究表明，无论男孩女孩，运动都能够增强孩子的自信心，发展孩子的交往能力。家长也不妨多和孩子做一些体育运动，如球类游戏、赛跑游戏等。引导孩子学会交流的最好时机是在他进行最喜欢的活动时。一般来讲，在大人与孩子、或者孩子与孩子互动玩乐的时候是孩子最放松的时候，也是引导他与人交流的最好时机。

我们教育孩子，除了给孩子一个轻松舒适的成长环境、优越的生活条件以外，还需要教会孩子如何自信地与人交往，而这需要我们在孩子还很小的时候就对其制定一些交往规矩，要知道，一个落落大方、平易近人的人才能赢得别人的赞同、尊重和喜欢，才不会孤独。

让孩子明白朋友是一笔财富

"结交新朋勿忘旧友，一如浓茶一如美酒，情谊之路长无尽头，愿这友谊天长地久。"这是一首儿童友谊歌，每个人都需要朋友，我们的孩子更是。尤其是对独生子女而言，朋友让孩子更懂得爱，也让孩子的人生路走得更平坦。

然而，现在的孩子在家里基本过着"一个中心"的生活，这容易养成孩子以自我为中心的行为习惯，所以会给别人留下霸道、自私、任性的印象。

那么，作为父母，我们该如何为孩子制定交友规则，进而引导孩子收获友谊呢？

（1）如果你的孩子已经交上了朋友，要及时给予肯定，如对孩子说："真高兴你有了自己的朋友，听说你的朋友很棒，你们应该互相关心，互相帮助。"或者说："听说你交的朋友很出色，我很想见见他，你看可以吗？"

（2）如果你的孩子还没有交到朋友，则应积极帮孩子寻找。例如鼓励孩子与家附近的孩子一起玩，与同事或同学的孩子一起玩。并适时和孩子讨论他们交往的情况，帮助孩子分析并做出选择。

（3）要欢迎孩子的朋友到家里来。把孩子的朋友当成自己的朋友一样，采取热情欢迎的态度。当孩子的朋友来家里时，父母应该说，"我们家来朋友啦，欢迎欢迎。"或者"真高兴我的孩子有你这样的朋友，你能来太好了！"而且要鼓励孩子认真接待，让孩子的朋友感觉到你对他们的支持和赏识。

（4）需要注意的是，对于孩子和朋友的交往，父母不能听之任之，使孩子陷入不当的交际圈。而是要充分利用他们喜欢交往的心理，因势利导，正确地引导和帮助他们建立纯真的友谊。

父母不能因噎废食，还是要让孩子积极参加各项有益的活动的，但必须得让他们知道哪些朋友是不该交的。如果你对孩子的朋友某个方面很不满意，就应该当着孩子的面严肃地说出来。

友谊是每个孩子童年的重要组成部分。对孩子来说，结交朋友似乎是这个世界上最自然不过的事情。毕竟，他们整天待在教室里，一块儿吃午餐，一起在操场上玩耍。然而有时候孩子也需要爸爸妈妈的一点帮助，把天天见面的熟人变成自己的朋友。由于年龄相近、志趣相投、关系融洽、地位平等，同伴群体能满足孩子游戏、友谊、安全、自尊、认同等方面的需要。父母要让孩子明白，友谊是一笔宝贵的财富，要鼓励孩子在周围的生活圈子中多交善友，这会让孩子一生受益无穷！

让孩子学会善待他人

每个人都是社会的一分子，善待他人，是做人的一个重要部分，一个人如果不知道怎么去善待他人，他将很难在社会上立足。善待他人包含的内容很多，其中有：多一些友善，少一些怨恨；多一些宽容，少一些苛责；多一些友爱，少一些仇恨；多一分理解，少一分埋怨。教会孩子学会与人相处也是教育的一部分，是家长的责任所在。孩子是未来社会的建设者，也必须学会善待他人。要知道，只有善待他人，他人才会善待你。

善待他人的孩子，在学校里会善待同学，会理解、关爱他人，尊重老师的劳动成果；在家庭里会善待家人，尊敬长辈，尊老爱幼；在社会上会善待周围的人，对待需要帮助的人，也不会麻木不仁，会热情地伸出友爱的双手。这样的孩子才会以健全的人格和良好的品质获得他人的赞同和良好的人际关系。

生活中，一些父母已经认识到为孩子制定规矩的重要性，然而，却由于过度约束，而教育出了一个自私自利、以自我利益为中心的孩子。

为孩子制定规矩，不仅要磨炼孩子的意志，更要让孩子懂得爱人、理解人、善待人，正确地与人相处，可以说，这是决定孩子在未来社会生存状况好坏的重要因素。

那么，家长应该怎样让孩子善待他人呢？

1.父母应该以身作则，善待周围的每一个人

善待他人要从点滴小事起步，从细微处入手，这样才能教育孩子不以善小而不为，不以恶小而为之。

洋洋的父母离异了，他随母亲过。有一次洋洋的母亲和老师谈到她儿子的教育问题。老师说："你现在和洋洋的父亲离婚了，你还跟你前夫的家人来往吗？"她说："基本上不来往了，但我碰见我公婆，还是要主动问候的，毕竟离婚是夫妻双方的事，与对方父母没有根本的利害冲突。何必把关系搞得那么僵？抬头不见低头见，好聚好散嘛……"

"我这样做主要是为孩子着想，要给孩子做出一个样子，逢年过节，我还是要让孩子去看爷爷和奶奶的，我要教育孩子善待他人……"

可以说，洋洋的母亲是一个大度的人，许多人一旦离婚以后，一般都躲着对方的父母，绕开对方的家人，甚至视对方的父母为仇人，而她没有，这给了孩子很好的榜样作用。家长要让孩子善待他人，就要从自身做起，和周围的人和谐相处。

2.让孩子学会换位思考，也就是要理解对方，理解爱

每个人都有自己的情感世界，都希望得到别人的理解，也希望理解别人。家长要告诉孩子，如果从对方的角度考虑问题，情况会怎样。这样孩子就会理解他人，因为理解是一座桥梁，是填平人与人之间鸿沟的

石土。

3.让孩子学会包容别人

生活中,孩子之间难免会有碰撞。他们年轻气盛,争强好斗心较重,常为一点小事争得不相上下,自己做错事,不着重检查自己,而是一味地找别人的不是,缺乏的就是一种宽容。家长要教育孩子"退一步海阔天空"的道理,宽容使事情变得简单,而苛刻会把事情变得复杂。

善待他人是做人必备的美德,是一种修养,也是衡量一个人层次高低的标准。人际交往中离不开你我他,更离不开善待。善待他人,也就赢得尊重,爱别人也是爱自己。家长在教育孩子的时候,要引导孩子去善待他人,爱别人,让孩子在点点滴滴中学会爱,别让孩子成为一个自私鬼!

分享让孩子更快乐,还能赢得更多友谊

作为父母,我们都明白一个道理,孩子最终要走向社会,要在群体中生活。与人分享,才能得到别人的信任、支持和尊重。因此,父母都希望自己的孩子学会与人分享,养成慷慨、谦让的美德。

分享,是指将自己喜爱的物品、美好的情感体验及劳动成果与他人共享的过程。"分享"意味着宽容的心,意味着协同能力、交往技巧与合作精神,这些都是孩子应具备的重要素质。人生在世,我们每个人都需要和别人分享。分享快乐,分享痛苦,这样对自己有好处的同时,对

别人也有好处，就是现在说的"双赢"。

孩子不愿意与人分享，原因有三：一是现在的孩子都是独生子女，在家庭生活中，没有需要他们伸手帮助别人的氛围；二是他们缺少替别人着想的意识；三是他们受教育的程度还不够，使得他们还不能真正从思想上认识到自己身边还有他人，应该多替他人着想。

实际上，由于家庭教育的缺失，尤其是父母的溺爱，很多孩子自私自利，不愿意与人分享，这对孩子成为一个合格的社会人是极为不利的。在现实生活中，自私、不愿意与人分享的孩子并不少见。这虽然不是什么大毛病，但是一个什么都不愿与他人分享、独占意识很强的人，是很难拥有良好的人际关系的。所以，我们应从小为孩子制定规矩，让孩子逐步学会与人分享，为此，父母应该帮助孩子做到下面几点：

（1）分享物质，就是分享糖果、糕点、图书等物品。家长可以先由物质分享入手，还可以借孩子过生日的机会，邀请小伙伴、父母的亲朋好友一起来分享生日蛋糕，让孩子在此过程中学会分享，体验分享的快乐。孩子有了新玩具或新图书，家长可以引导孩子把好东西带到幼儿园，与同伴一起分享，让孩子懂得好东西要与人一起分享，这样才快乐。

需要注意的是教孩子与人分享物质，要根据一定的年龄进行。

当孩子小的时候是不知道、也不愿意把自己的东西拿出来和别人分享的。两岁以前的小孩，一般来说是自己玩，或大人带着玩，还不能和其他小朋友一起玩。这个时期的小孩，如果他想要别人的东西，要让他学会说请。先让其他人配合，如果说请，可以给他的一般就给他。如果不可以的，就说明理由。

在孩子两岁左右时，就可以开始教他分享了。教他与别人分享，要慢慢劝说，不能强迫。渐渐地养成他愿意分享的优点，让他感受到，有礼貌时别人与他分享的可能性很大，而与别人分享时可以玩得更高兴，同时可以交到朋友。但也要告诉他，如果不愿意与别人玩的，可以不分享。

（2）分享快乐，就是别人遇到很高兴的事，你也可以一起高兴，从而产生一种因分享而带来的快乐和满足感。

（3）分享成功，也是培养孩子的大气。引导孩子从小分享他人的成功尤为重要。

（4）在家庭中巩固分享行为的形成。孩子善于观察和模仿，家长的言行举止都是孩子观察和模仿的对象。

①创设环境。注意引导孩子从身边的小事做起。如把新玩具分给邻居家的小朋友玩，有好吃的先分给爷爷、奶奶、爸爸、妈妈吃，让幼儿渐渐养成分享的习惯。

②故事引导。家长可以在晚饭后，或者睡觉前讲述一些有关分享和谦让的脍炙人口的故事或儿歌，让孩子从小懂得要谦让，要把好东西分给大家。

③榜样作用。父母是孩子的第一任老师，父母的日常行为、言谈举止和情感态度随时都对孩子的发展产生潜移默化的影响。所以，父母要做个有心人，平时抓住一切有利时机为孩子做好行为示范。父母必须经常检查自身的言行，为孩子做出良好的榜样。

（5）进行分配，如果孩子分配得合理，就及时表扬强化。在小区里，家长可以引导孩子关心帮助他人，如给孤寡老人问寒送暖、给灾区人民捐衣送物、和邻居友好相处等。家中如有小客人来了，可以请孩子来招待，把自己好玩的玩具、好看的图书拿出来与小客人分享。

（6）及时提醒。父母应该采取积极的教育态度，当孩子表现出不愿分享时，家长要告诉孩子，好东西要同大家一起分享，同时在平时生活小事中不忘教育提醒孩子分享。

总之，家长不能对孩子的要求有求必应，而是让孩子在和别人交往中，让孩子自己决定什么东西在什么时候是否分享，父母只能引导，不能强迫，要用正面教育的方法。教孩子和朋友分担痛苦，他的痛苦就会减少许多；教孩子和朋友分担快乐，他的快乐就会成倍增长。学会了分担和分享，他的生活就会遍布阳光，这样的孩子才是内心健康、人格健全的孩子，才能迎接未来社会的挑战！

教导孩子学会真诚地道歉

责任心是孩子健全人格的基础，是能力发展的催化剂。责任心培养应遵循这样一个规律：从自己到他人，从家庭到学校，从小事到大事，从具体到抽象。遵循这样一个过程，我们发现，家庭在培养孩子的责任心方面发挥着无法替代的作用。其次，责任心的培养有一个起点，那就是先要为自己的行为承担责任。修身、齐家、治国、平天下，修身是一切成功的基础，连自己都管理不好的人，无法承担更大的责任。因此，作为父母，如果要教育孩子学会承担责任，首先就要让他们学会为自己的行为负责，当孩子做错的时候，家长一定要让孩子学会道歉。

美国著名心理学盖瑞·查普曼博士提醒说："孩子在小时候就能学会道歉的语言，随着年龄的增长，他们对道歉的重要性会有更深的领悟和理解，为今后的道德和人际关系发展奠定基础。"

每个人都生活在一定的关系中，谁也避免不了在与人交往时会伤害别人或者被别人伤害。做错了事说声"对不起"是一种符合社会行为、体现人的素质、增进人际交流必不可少的行为标准之一，尽管大多数伤害是无意的，但学会道歉和学会接受道歉，可以打开通向原谅和恢复关系大门的最有效的钥匙。

如果孩子已经依赖成性、不愿对自己的行为负责，那么父母需要采取坚决的做法。"逼才是爱"，父母要勇于要求孩子承担自己的责任。通常，我们都需要经历一个漫长的过程才能让孩子明白，当他的行为让别人受到身体上或者情感上的伤害时，他应该道歉。而一旦孩子能够发自肺腑地说出"对不起"，那么他不仅仅是掌握了一项社会技能，更重要的是，他学到了怎样去补救自己的过失，怎样对自己的行为负责，怎样照顾他人的情感。那么，家长该怎样学会这门教育真经，让孩子在伤害别人的时候，为自己的行为负责，向别人道歉呢？

1.让孩子学会认错，这是让孩子学会道歉的第一步

孩子没有学会道歉，可能是因为不懂得是非概念，不知道生活中什么是对的，什么是错的，为什么是错的，更不知道自己应该怎样改正错误。因此，父母切不可对孩子动辄责备，应耐心地告诉孩子为什么错

了，错在哪里。认错需要一定的勇气。孩子不敢认错，可能是害怕承担后果，父母应给孩子一种安全感，告诉孩子每个人都有犯错误的时候，只要改了就是好孩子，避免孩子产生畏惧感。

2.当孩子做错事时，父母应及时地给予教育并纠正

让孩子知道错误不是不可挽救的，只要改了，就可以得到原谅。父母千万不要在孩子做错事后，一味地批评、指责孩子，这样易导致孩子产生逆反心理，以后犯错时就会总想找借口推托。对懂得道歉但又频繁犯错的孩子，父母不仅要注意孩子的言语道歉，更要关注孩子改正错误的行为。因此，如何处理孩子所犯错误的方法，比孩子犯的错误更值得父母思考。

3.教会孩子一些真诚地向别人道歉的艺术

（1）教会孩子用一些小礼物表达自己的歉意，这就是"尽在不言中"的妙处。孩子之间的矛盾不是什么深仇大恨，只要有一方主动示好就能化解。

（2）让孩子切记道歉并非耻辱，而是真挚和诚恳的表现。

（3）除非道歉时真有悔意，否则对方不会释然于怀，道歉一定要出于真诚。

（4）告诉孩子道歉要堂堂正正，不必奴颜婢膝。你想把错误纠正，这是值得尊敬的事。

（5）让孩子明白，应该道歉的时候，就马上道歉，越耽搁就越难启齿，有时会追悔莫及，要抓住道歉的时机。

当然，家长要以身作则，给孩子树立好榜样，自己做错的时候，也

要真诚道歉。让孩子对自己的行为负责，就不能让孩子成为一个敢作不敢当的懦夫，责任感的缺失会导致人格的缺失。而为自己的行为负责，是孩子责任心培养的重要方面，是孩子担当家庭责任、社会责任的前提！

父母错了也要勇于向孩子道歉

日常生活中，大人和孩子都避免不了做错事，但是这个过程中，孩子向父母道歉的情况比父母向孩子道歉的情况要多。因为一般都觉得孩子容易做错事，父母也负有教导孩子的责任，要教导他们有礼貌、做错事就要道歉等。对于孩子来说，他们通常都不知道父母有错，也觉得父母不会那么容易做错事。父母则认为自己一般能做对，即使做错了也不需要道歉，他们觉得自己处在一种比较高的地位。其实，这样做的直接后果是，给孩子树立了一个不负责任的负面形象。

现代教育要求家长与孩子沟通，就是要家长不能把教育放在绝对两极的位置，家长对孩子做错事了，也要说一句"对不起"。或许，碍于面子，有些家长知道是自己错了，还是硬撑着、扮强势。其实，向孩子说一句"对不起"，不会有损父母的权威，反而会构建起一个平等的交流平台。而更为重要的是，家长起到了以身作则的作用，给孩子树立一个负责任的形象。

在家庭生活中，家长说错了话，办错了事，甚至冤枉了孩子，都是难免的，关键是发生问题后家长怎样处理。家长和孩子相处，应该是民主平等的，不能摆家长架子。错怪了孩子，就主动道歉，而且态度要诚恳，不能敷衍。有些家长认为这样做会有失尊严，其实不然。父母向孩子认错，给孩子树立了有错必改的榜样，会使孩子由衷地敬佩父母的见识和修养，并学会勇敢地为自己的行为负责，让孩子从小形成一种责任意识。同时，孩子也会更加信任父母，使一家人和睦团结，为孩子创造健康成长的良好环境。家长的威信不但不会降低，反而更高了。

可见，家长做错了事，肯不肯向孩子道歉，不仅影响着两代人的情感，也关系着孩子的进步与成长，实在是家长应该学会使用的一种教育手段。

在现在的家庭教育中，家长如果从不向孩子承认自己的缺点、过失，孩子就会产生"父母永远正确而实际上总是出错"的观念。久而久之，对父母正确的教诲，孩子也会置之不理。如果对孩子做错事后，父母能郑重向孩子认错、道歉，孩子就会懂得承认错误并不是一件可耻的事，就会提高分辨是非的能力，尝到原谅别人的滋味。故此，为了让孩子能树立责任意识，父母不妨做到：

1.根据孩子的年龄，采取不同的道歉方法

相对于年龄小一点的孩子来说，父母其实不用讲太多的道理，只要用一些行动，例如手势、表情、做法等，很自然就可以让孩子知道在这件事上，父母做错了，而且父母在向他们道歉。如果孩子知道这种做法是错误的，那么他们一般就不会再犯这样的错误。但是对于年龄大一点的孩子来说，父母向他们道歉，就必须向他们讲明这件事错误的原因，为什么做错了，这也是一种间接教育的方法。

2.注意道歉的态度

父母道歉的态度也是很重要的，不能太过于生硬，或者轻描淡写。这些错误的态度，即使道歉了也不能挽回什么，只会加深误解，因为年龄大的孩子能明显感觉得到父母态度的不同，意识到父母是不是在敷衍。因此，父母应用真诚的态度来道歉，不要碍于面子或者身份，不愿意孩子道歉，或者只是略微说一下。例如，父亲撞到儿子，这时候，父亲与其说"我不是故意的"，倒不如真诚地说"对不起，孩子，我撞伤了你"。父亲这时候大大方方的道歉比不真诚的辩解更能够得到孩子的尊重。

总之，家长在与孩子相处的时候，要言传身教，向孩子认错、道歉，是培养孩子成为一个有责任感的人的重要方面。孩子最早的学习是从模仿开始的。他们在很小的时候，就会将看到、听到、感觉到的东西"融入"正在发育的大脑里，并在以后的生活中不知不觉地加以模仿，不仅限于行为举止，而且包括思维方式、情感取向，以及个人性格等。一个在生活中处处表现得不负责任的家长，即使想教育孩子做事要有责任心，孩子也会很不服气，很不以为然。所以当孩子做错事时，家长更应该以身作则，使孩子能具体地感觉责任意识在生活中的重要性，从而主动、积极地养成责任习惯。

教孩子学会谦让

不少家长发现，儿童之间因不会谦让或不肯谦让而发生的矛盾十分常见，甚至有些家长也不把这些小事放在眼里，反而因为自己的孩子强抢到玩具而高兴，认为孩子"聪明伶俐"。然而，我们都忽略了不肯谦让所带来的一些负面影响，孩子之间的不谦让会影响他们的人际关系。其实谦让是一种美德，我们国家是一个有着几千年历史的文明古国，许多启蒙读物如《三字经》等，都把"礼让"作为教育孩子的一个重要内容。人与人之间交往时的谦让和礼让也是社会文明的体现。

让孩子拥有谦让这一品质，也是教育的重要方面，但生活中，我们总会看到这样的场景：两个孩子在一起玩，家长总希望哥哥让着弟弟妹妹，但是很多孩子对此却很反感；有些孩子为受表扬而谦让，也有些孩子为获得更大的弥补而谦让，孩子们这是怎么了？真正谦让的精神都到哪儿去了？

其实，孩子不懂得"让"就是认为"任何东西理所当然都是自己的"，这种习惯其实是在生活中慢慢养成的。谦让也不是人与生俱来的本能，与其指责孩子，不如反思我们自己，我们该如何教育孩子做一个懂得谦让的人？在这个竞争激烈的社会，如何在谦让和竞争之间找个平衡点？在孩子懂得谦让的真正内涵之前，家长应该清醒地认识到，这是教育的失败。

那么，家长到底应该怎样让孩子学会谦让呢？

1.给孩子营造一个相互谦让的环境

幼儿时期的孩子，个性正处于萌芽阶段，他们对事物的看法往往出自大人的说教或老师的命令。作为家长，我们应努力营造一个和谐、友爱、团结、互助的氛围。如夫妻之间的谦让、与邻里之间的谦让，在这样一个良好的氛围中培养孩子谦让和宽容的美德至关重要。总之，要让孩子学会谦让，让孩子从小在谦让礼让的生活环境中成长。

2.家长要有意识地为孩子设置争抢的情境，让孩子慢慢地学会谦让

例如，平时在家，父母可以和孩子争一下东西，培养他"并不是所有的东西都是自己的"意识，这样他就会慢慢知道"谦让"。接下去他就会多一份情愿，会让着别人。

3.对于不懂得谦让的孩子，家长要讲清道理，也应及时提出批评

家长绝不能暴力解决，这会加重孩子的负面情绪，孩子会执拗地认为是家长的错，更不会理解家长的真正用意。正面引导，耐心说服教育，要教给孩子如何谦让、友好相处、共同分享的方法，让孩子尝试体验团结友好、谦让和谐、共同分享的快乐。在与同伴相处中，要让孩子明白，分享并不是失去，而是一种互利，是双赢。

可以采取措施如：先暂时不让孩子参加游戏，使他意识到自己的行为是错误的，同时要告诉孩子处理矛盾的方法：只有大家互相谦让，游戏才能顺利进行，有了问题大家可以用"石头、剪刀、布"的方法来解决，使大家才能心平气和地继续游戏。

4.让孩子知道"谦让是一种美德"，从而激发孩子的光荣意识

当然，家长在日常生活中还要言传身教，一定要坚持正面引导，从

这样和孩子定规矩，孩子不抵触

小培养孩子谦让、友爱的精神，孩子在潜移默化中就会懂得"让"是一种好习惯。这样，就可以避免孩子有过分的竞争意识，让孩子拥有谦让这一美德！

第08章

定安全规矩,告诉孩子要学会保护自己

作为父母,我们时刻都为孩子担心着,因为他们还很小,像一件易碎的艺术品,必须好好呵护。外面的世界纷繁复杂,孩子随时都有可能受到伤害,基于这一点,父母必须教会孩子学会保护自己,先让孩子有一种自我保护的意识,然后为其制定一些安全规矩,毕竟父母不可能保护孩子一生,未来的路还需要孩子自己去走。让孩子练就一身自我保护的本领,就是让孩子拥有了黄金甲,未来的路,孩子也能自己坚强、勇敢地走!

教孩子严格遵守交通规则是安全教育的第一步

现在，城市的街道上、胡同里人挤车多，乡村的街道、公路上车辆和行人来往也不少，交通事故常有发生，其中儿童遇车祸的情况也较多。从小教育孩子了解和遵守交通规则，是非常必要的。

有人认为，交通规则规定，6岁以下的儿童上街应有大人带着，对孩子讲交通规则有什么用？其实，即使大人带着孩子上街、坐车，也应该把上面所说的交通规则告诉孩子，因为孩子是要长大的，总是要独自上街、坐车的，早点儿让他们了解一些交通规则，总比等他们独立活动时再急急忙忙地告诉他们更有利。何况，孩子有时和小朋友一起闯到街上或者在街上与大人走散的可能性也是有的，让他们了解一些交通规则，在他们独立活动时肯定是用得着的。

教孩子了解并遵守交通规则，要多用具体生动的方法。具体来说，父母要做到：

1.父母应该让孩子了解交通规则

例如，"红灯停、绿灯行""行人要走行人道，没有行人道的要靠边走""行人过马路要走人行横道线，没有横道线的地方要先看左，后看右""不要在街道、公路上追跑打闹""坐车时不要把头、手伸出窗外"等。

2.父母以身作则，为孩子树立遵守交通规则的榜样

红灯亮起了，一群人站在斑马线的一端等绿灯。这时，穿行的车辆少了一点儿，人群中有人等不及了，要闯红灯过马路。有位领着女儿的妈妈也拉起孩子的手准备穿行，这时女儿抬起头问："妈妈，你不是说要等绿灯亮起才走吗？你要闯红灯了！"女儿的话让妈妈很没面子，妈妈恼火地看了女儿一眼，想要斥责她，但忽然听到"吱"的一声急刹车，一辆轿车差点撞到闯红灯的行人。妈妈心里感叹：幸好有女儿提醒，否则后果不堪设想。

孩子不同于成人，仅靠说教也许不能引起他的注意。因此父母要将这些道理反复地向孩子讲，并且要以身作则，自己坚持不闯红灯，过马路一定走斑马线，用自己的行为给孩子做出好的榜样。

有位父亲过马路的时候总是爱闯红灯，受他影响，孩子也常常喜欢在车辆中穿行而过，不肯等绿灯亮起再过马路。有一次，他和父亲一起过马路，车辆稍微少了一些，孩子就迫不及待地挣脱父亲的手跑了出去，这时正好有一辆车开过来，孩子倒在了血泊中。

如果父母经常对孩子进行交通安全教育，给他讲一些交通安全的规则；如果父母在过马路时给孩子做出了好的榜样，流血事件就不会再发生了。正是父母的大意和放任，让天真活泼的孩子受到了本可以避免的伤害。

3.在具体的交通行为中为孩子讲述如何遵守交通规则

如在公共汽车上，对孩子讲为什么不应把手和头伸出窗外，孩子的印象就深。走人行道、横道线等规则，也要在带孩子上街、过马路的时候边走边对他讲。另外还要注意告诉孩子，交通规则就是为了避免出事故才制定的，只要遵守交通规则，就可以保证安全。千万不要为了引起孩子注意，故意夸大其词地吓唬孩子，以免孩子以后一上街、过马路就紧张，反而更容易发生事故。

4.告诉孩子严格遵守交通规则

父母要告诉孩子，不仅仅是在车辆多的时候不闯红灯，即使没有车辆穿行也不能存有侥幸心理去闯红灯，要严格遵守交通规则。

5.提醒孩子注意观察

父母应提醒孩子，过马路不仅要观察信号灯，还要注意左右看，观察周围是否有车辆通过，因为有些开车的司机会不遵守交通规则。

6.告诉孩子过马路时要快速通过

当孩子学会了如何过马路后，父母还应告诉他，过马路时在保证安全的同时应加快步伐，迅速通过，以免遇到绿灯突然变红灯的情况。

7.告诉孩子遇意外情况不要强行通过

有时即使遵守交通规则也会遇到某些意外情况。例如，过马路时绿灯突然变成红灯，父母要告诉孩子，遇到这种情况千万不可强行通过，更不能与车辆赛跑，这样极易引发交通事故。最好待在原地不动，并时刻注意身边通过的车辆，以免被剐蹭到，等绿灯亮了之后再通过。

提高孩子的自我保护意识

身心尚未成熟、社会经验不足的孩子,在面对侵害行为、自然灾害和意外伤害时,往往因处于被动地位而受到侵害。而作为父母,我们永远是孩子的保护伞,但不能随时随地地呵护孩子,在教给孩子自我保护的本领的同时,必须提高孩子的自我保护意识。这样,面对一些突发的事故和侵害,孩子才会积极争取社会、学校和家庭等方面的保护;当这些保护不能及时到位的时候,孩子也会尽自己所能,用智慧和法律保护自己的合法权益。

其实,孩子的自我保护意识本身就很薄弱,在遇到一些紧急情况时往往手忙脚乱,不知所措。为提高孩子的自我保护意识,杜绝不应发生的安全事件,让他们健康快乐地成长,家长必须从小给孩子灌输自我保护的思想。

父母要告诫孩子注意以下几点,从而增强自我保护意识:

1.告诉孩子尽量避免去下列这些地方

(1)住人较少的学生宿舍。

(2)狭窄幽静,灯光昏暗的胡同和地下通道。

(3)无人管理的公共厕所,高楼内的电梯,无人使用的空屋。

(4)夜晚的电影院、歌厅、舞厅、游戏厅、台球厅等。

(5)人多拥挤、起步、停车、急刹车的公共交通车辆上时。

(6)陌生车辆上。

这样和孩子定规矩，孩子不抵触

2.怎样摆脱坏人跟踪

当一个人走在回家的路上，偶然间回头，发现有人时隐时现总跟在后边，而当你注意他时，他却不自然地躲开；你走他也走，你停他也停，这表明你被坏人跟踪了。面对这种情况，父母要告诉孩子这样做：

（1）不能惊慌失措，要镇静。

（2）迅速观察环境，看清道路情况，哪儿畅通，哪儿不通，哪儿人多，哪儿人少。

（3）立即甩开坏人的方法就是跑开。向附近的单位跑，向有行人、有人群的地方跑；如果是夜晚，哪灯光明亮，就往哪跑；如果附近有居民家，往居民家里跑求救也可以。

（4）可以正面相视，厉声喝问："你要干什么？"用自己的正气把对方吓倒、吓跑；如果对方不逃，可大声呼喊，引来行人，或者立即做出反应，自己跑开。

（5）如果被坏人动手缠住，除了高声喊，要奋起反抗击打其要害部位，或抓打面部；身上或身边有什么东西可用，就用什么东西，制止坏人接触自己身体、侵害自己。平时，有这样几方面要加以注意：

①放学回家出外活动时，尽最大可能创造条件结伴而行，减少单人行走机会。

②不在行人稀少或照明差的地方走、游玩。如果时间晚了，要想办法通知家人去接你。

③尽可能不向外人宣传自己的家庭情况，以防坏人听到后，了解了你的行动规律。

④切记不可冒险，不可存有侥幸心理。不要老用"没事儿"来安慰自己。另外，女同学穿着打扮要落落大方，不要穿过于露、透的衣服，不要让坏人以为你是轻浮之人。

3.关于自身财务方面的保护

一些孩子粗心大意，再加上遇到危险时胆小懦弱，很容易发生财务被盗窃甚至抢劫的事情，家长要告诫一些可能被盗窃或者抢劫财产的情况，让孩子有意识地保护自己的财产。

保护孩子免遭残害最直接、最有效的是家庭防范。许多孩子受到身心的伤害，绝大多数是孩子丧失警惕和自护能力、家庭对孩子缺乏教育和保护而造成的。保护孩子免受伤害是每对父母的责任，当孩子还小的时候，就应该让孩子懂得一些自我保护的知识，让其在生活中有意识地保护自己，这样，孩子的安全系数就高多了。

教会孩子巧妙应对陌生人

作为成人，我们都深感到社会越来越复杂，人生越来越艰辛。未成年的孩子，天生娇弱，更面临许多不可预料的复杂局面。父母和老师可以为孩子创设尽量安全舒适的生活环境，却不能一生都围在他的身边。离开家庭，孩子能不能很好地独立生活，能不能识别社会上一些不利于成长的因素，这是每一对负责任的父母必须考虑的问题。对孩子自我保护的训练必须从小时候开始，学会应对陌生人是孩子自我成长的最重要的一步。

我们发现,社会上诱骗拐卖孩子的犯罪现象时有发生。让罪犯得逞的原因之一,就是孩子缺乏必要的自我保护能力。这些孩子往往被陌生人的一些小小的诱惑或者恩惠所骗取,这就告诫父母,一定要教孩子学会自我保护,认真培养孩子的自我保护意识和能力。我们建议,父母可以从以下几个方面培养孩子应对陌生人的能力。

1.告诉孩子,不要轻信别人

孩子的单纯和幼稚往往是某些人利用的工具,如"我是你爸爸的朋友""我是你妈妈的同事"等,这样一说,孩子就容易把对爸爸妈妈的那种信任转移到陌生人身上,轻易地听从陌生人的话。告诉孩子,无论在家里还是在外边,遇见自称爸爸妈妈同事或朋友的人,只要父母不在身边,告诉他们自己不认识他们,然后离开,不要再理他们,也不要听他们的解释。因为,孩子的思维永远比不上成人的思维水平。

2.谢绝陌生人的礼物

孩子多数对诱人的食物、漂亮的玩具和其他新奇的事物,如新鲜的游戏项目等感兴趣,缺乏自制力的孩子很容易就会被诱惑。让他明白,无论多么诱人的东西,只要不是自己的,不经过爸爸妈妈同意,就不能接受;让他明白,陌生人不会无缘无故地送给自己东西,自己也不能随便接受别人的礼物。有时对孩子来说,拒绝诱惑是很艰难的。家长应为孩子定安全规矩,并在平时扩展孩子的知识面,尽量多让孩子接受周围事物,见得多了,孩子也就不再大惊小怪了,再加上爸爸妈妈的嘱托,一般情况下,孩子会在一定程度上拒绝诱惑。如果孩子尚不能理解其中的道理，那就教会孩子简单而坚决地说："不，我不要！"

3.拒绝陌生人的请求

为了取孩子的信任，有些心怀不轨的人往往想尽办法让孩子上钩，比如向孩子"求救"，等孩子相信自己后再进一步行动。父母要告诉孩子，有陌生人请求帮助的时候，让他们去找大人、去找警察。这不是禁止孩子助人为乐的行为，不是推卸责任，而是为孩子自身安全再提供一层保障。

4.强化孩子情境应变能力

在紧急状况下，孩子不可能记住只告诉他们一遍的事情。教会孩子应对陌生人的安全规则，是强化孩子情境应变能力的重要手段。而教会孩子这一原则的有效方法是通过做"要是……该……"的游戏，让孩子通过独立的思考对潜在有害的情境做出防护反应。例如，"雨下得很大，要是有陌生人邀请你搭他的车回家，你该怎么办？""要是有陌生人叫你的名字，并说你爷爷受伤了，由他来学校接你回家，你该怎么办？""要是在放学回家的路上有人跟着你，你该怎么办？"

另外，家长还可以用故事的形式教孩子学习故事中人物勇敢、沉着、机智的精神和本领。如《狼和小羊》的故事中小羊识破老狼假面孔的经过，会给孩子很大的启发。

我们这样做是要让孩子知道，在某些情境下有些陌生人不是好人。从中他还会知道，当陌生人朝自己走来或感到危险逼近自己时应当怎么办。这种信息增强了孩子自我防护的意识，同时也使他们在日常生活中遇到许多没有危害的陌生人时不必感到恐惧。

我们虽然倡导互助友爱、互相信任的人际环境，然而，年幼的孩子尚不具备分辨能力，不能做足够的自我防卫，一旦有危险，他是必然的受害者。要想孩子平安地生活和成长，就要让孩子拒绝一切伤害。学会怀疑、学会拒绝，这是应对陌生人必需的几项素质，对孩子来说是必要的，因为孩子幼小的身体和心灵经受不住大的挫伤和打击。

禁止孩子玩火

对于成人来说，火简直是家庭中最令人担心的东西，仅仅是想象一下，都令人色变。如果可以，真想永远不让孩子知道火。然而，抛开对孩子的担忧，打开久远了的记忆阀门，看看在我们自己还是孩子的时候，火留给我们的又是什么样的一种印象？真的那么可怕吗？孩子为什么喜欢玩火？

孩子玩火，其实是因为好奇与乐趣，尤其是对于5~8岁的孩子，这是最爱玩火的年龄。这个年龄段正是孩子开始注意身边事物的时期，他们对什么都感到好奇，探索欲极强。而火之所以能满足他们的需求，引爆他们的好奇心，恰恰在于它的神秘和多变。

教育研究者对一些喜欢玩火的孩子进行了随机调查，发现这些孩子普遍有这样的心理，他们认为火在燃烧时色彩的多变，让他们觉得很神奇，或者"擦火柴时好香啊""我喜欢爆竹的香味"……有些孩子喜欢玩火，可能仅仅是喜欢火烧着后的气味。与火相关的气味很多，有打火机打火时的汽油味、烧纸的焦味、烤红薯的香味等，都可能成为孩子玩火的诱因。另外，在火烧毁物品后，孩子会对火的威力产生好奇——那衣服、鞋子烧完后会变成什么呢？还有爸爸的手机、名片、钱包，也都能烧着吗？烧完后又会变成什么？一次偶然的经历，会引发孩子的各种探索。

以前，孩子玩火，家长也紧张，但程度远远不及今天的家长。

以前，孩子玩火的场地大多在野外，更宽广、更安全，出意外的话，顶多也就是烧掉了裤脚或者烧伤了点手指头。现在孩子被圈在家里，一不小心，就是烧毁整个家、整栋楼房，更可怕的是人员伤亡。

但是，你知道吗？担心、紧张进而禁止，反而可能让孩子更加爱玩火。

"爸妈不让玩，我偏玩"，孩子不是完全不知道火的危险，但是5~8岁这个年龄段，逆反心理很强，大人不让玩，他们就偏要玩。于是容易趁大人不在家的时候玩，大人在家的话，就躲在大人看不到的地方玩，如衣橱里，床底下，甚至是被窝里——这正是最危险的地方。

孩子玩火的时间大多是寒暑假，因为空闲时间多，能玩的东西都玩遍了，不知道还能玩点什么；这时候，一些平时禁止玩的东西就会冒出来。也许开始只是想想，或者告诉自己只玩一下，但后来连自己都不知道怎么就玩开了，玩大了。

有调查显示，来自吸烟者家庭的儿童，玩火的概率比无吸烟者家庭高出一倍。大人禁止孩子玩火，可是自己兜里却经常揣着打火机，孩子就会有疑问:"爸爸可以,为什么我不可以?"在这种不服气的心理作用下,孩子很容易偷偷模仿。而且,吸烟家庭打火机或火柴随处可见,更为孩子玩火提供了方便。

那么,我们该如何引导和制定规矩,禁止孩子玩火呢?

对此,我们可以用"以毒攻毒"的方法。实践证明,这个方法很有效,我们可以让孩子看到玩火的后果,这种可怕的视频让孩子看了就再也不敢玩火了。如果实在不行,让他尝试一下,烧着自己就会知道玩火危险,从此之后就不敢玩火了。

教孩子维护自己的正当利益

作为父母,我们一直充当着保护孩子的角色,但对孩子的保护不仅仅是身体上的保护,还有心灵上的保护,其中就有权益的保护。因此,在孩子小的时候,父母就应向他们灌输这样一种思想:能够体谅他人是你的美德,但你一定要学会爱自己。

的确,如果孩子一直都不懂得维护自己的正当利益,长大之后,他就会在一味满足别人的需求中失去"自我"。因此,不想孩子很容易就失去"自我"的家长,在孩子还小的时候就要告诉他:要维护自己的正当利益,要学会爱自己。

当今社会,一味地忍让只会把唾手可得的机会让给别人,这样的孩子又怎能出类拔萃、脱颖而出呢?而更为严重的是,长时期的忍让,会使得孩子总是处于低落的情绪，对于孩子的身心发展也是不利的。

当然，当孩子的权益被侵犯时，作为父母，应该保护孩子，要及时鼓励孩子："如果你不喜欢他这样对你，请你直接告诉他，要大声对他说'我不愿意把这个玩具给你玩，请还给我。'"另外，也要注意教育孩子与人分享——但与人分享是在规则和礼貌的条件下进行的，而不是在利益被侵占的情况下。你与我有礼貌地商量，则我愿意与你分享；你与我分享，则我也与你分享。现在的社会状况，已经不是20年前或30年前那种一味的忍让则为美德的时代了，孩子们需要竞争，也需要懂得社会规则。让孩子懂得这些规则，才能让他在未来社会的竞争中永立不败之地。

告诉孩子要敢于拒绝别人

谦让是中华民族的传统美德，大多数父母也都明白一个道理，即孩子最终要走向社会，要在群体中生活。与人分享，才能得到别人的信任、支持和尊重，因此，父母希望自己的孩子学会与人分享，养成慷慨、大方、谦让的美德。这也是一个人必须有的品德。但任何事情都要讲究一个度，若是轻易承诺了自己无法履行的职责，将会带给自己更大的困扰和沟通上的困难，这就需要学会拒绝别人。

但有些孩子不会拒绝别人，究其原因是父母包办太多。例如，家里来了小客人，父母总是希望自己的孩子能表现得很好客。于是，当别的孩子想要这个玩具或者那个玩具，而自己的孩子恰好也喜欢，父母可能出于礼节觉得应该教孩子谦让他人，因此总是极力说服自己的孩子放弃需要，来满足小客人的要求。虽然这种做法被许多父母一直延续着，也确实能让父母面上有光，但是，从孩子成长的角度来说，父母的这种做法剥夺了孩子自己做主的权利。

也有一些家长"越俎代庖"，有些孩子虽然有不愿意的情绪，但是因为胆量较小，不敢自己去拒绝，这时，家长往往会替孩子拒绝他人，而维护孩子的权益。但这样做的结果，就是使孩子失去了实践的机会，从而导致胆量越来越小，越来越不敢开口说"不"。

总结来说，孩子不敢拒绝别人是由于家长的错误教育，家长要把孩子培养成一个勇敢的人，就必须为他制定规矩，告诉他要大胆拒绝别人，但这个过程也需要家长的引导，因为拒绝别人实在不是一件容易的事。有些孩子在拒绝对方时，因感到不好意思而不敢据实言明，致使对方摸不清自己的意思，而产生许多不必要的误会，同时也容易给自己心理造成压抑。大胆地拒绝别人，是相当重要却又不太容易的事情。教会孩子学会拒绝别人，将使孩子受益终生。那么，家长该怎么做呢？

1.教孩子泰然接受他人说的"不"

在日常生活中，即便是在孩子小的时候，作为父母，也应该在孩子头脑中强化一个概念：别人的东西不属于我。这样，孩子也就能泰然接受他人说的"不"。

2. 让孩子坚持自己的决定

有些孩子不敢拒绝同伴的要求是因为害怕别人不跟自己玩，害怕被孤立，于是，别人要什么东西，他就会拱手奉送，可是，事后他就后悔了。这种情况就是平常说的"没志气"，常发生在年龄较小的孩子当中。

这就需要家长逐渐培养孩子的果敢品质，自己说过的话、做过的事，就应该勇敢承担起责任来，自己拒绝同伴后就应该承担起受冷落的后果，而不是过后就反悔。

3. 教孩子正确认识"面子"

孩子不敢拒绝他人还可能是为了照顾面子。例如，虽然自己的钱都是父母给的，但当别人来借钱去玩游戏时，为了面子还是借给别人。有些孩子甚至发展到为了面子，别人叫他去做一些不合纪律的事情也会违心去做，而事后却遭到老师的批评。可见，让孩子学会拒绝就应该教孩子正确认识"面子"。

4. 教给孩子委婉拒绝的技巧

拒绝别人的某些无法接受的要求或者行为时，父母要教给孩子应注意的方式、方法，不可态度生硬，话语尖酸。你要告诉孩子，先不要急着拒绝对方，可采用迂回委婉的方式说明自己的实际情况，既不违反自己主观意愿，也可以给对方一个可以接受的理由。

其实，孩子在与小朋友自主交往的过程中，能学会有效地拒绝别人，也能学会友好地与他人相处，这同样是孩子成长过程中不可缺少的一种经历。如果孩子能够在自己的权益受到侵犯时勇敢地拒绝他人，当父母的就可以不用那么替孩子操心了。但当孩子没有勇气拒绝的时候，家长就可以尝试上面的几种方法。总之，父母所要做的，就是教会孩子如何平和地、友好地、委婉地拒绝别人的要求；同时泰然自若地接受他人的拒绝，而不是为孩子解决、包揽问题。教孩子学会拒绝，是父母对孩子独立性和自主精神培养的一个方面，敢于拒绝、勇于说不的孩子才是真正勇敢的孩子！

第09章

定花钱规矩，教孩子学会有节制地花钱

随着物质生活水平的一步步提高，很多家长爱子心切，舍不得让孩子吃一点点苦，对孩子有求必应，这导致孩子养成花钱大手大脚、奢侈浪费的坏习惯，这样的孩子将来怎么能独当一面呢？要想培养好孩子，让孩子有一个辉煌的人生，就必须从小为孩子定花钱规矩。为此，作为家长，只有从自身做起，摆正自己的价值观，才能言传身教地让孩子对金钱有个正确的认识，才能让孩子做金钱的主人，才能让孩子远离奢侈浪费，才能教会孩子如何理财、如何凭自己的本事挣钱。

杜绝孩子花钱大手大脚

可怜天下父母心，作为父母，都希望把最好的给孩子，"为了孩子"好像成了一些家长生活的唯一宗旨，似乎生活的意义就是为了孩子。这样的教育结果是：孩子花钱大手大脚，从不会计划开支。其实，真正为孩子好，就是为孩子制定花钱的规矩，在物质消费上，一定不能心慈手软，而是坚持原则，视家庭经济状况，把好孩子的消费关。当然，这并不是要断绝孩子的一切消费行为，对孩子花钱上的节制也并不等于克扣，而是酌情处理。引导孩子计划开支，合理花钱，让孩子从小懂得生活的艰辛和自食其力的重要。

中国的父母被称为天底下最爱孩子的父母，有些父母对孩子的爱甚至丧失了理智，认为爱孩子的最好方式就是金钱，所以他们给孩子大把大把的零花钱，但这却在无形中让孩子形成了一种金钱依赖性，大手大脚地花钱，甚至引发一些未成年人违法犯罪的行为。据有关资料表明，在所有未成年犯罪案例中，他们犯罪前的零花钱越多，去游戏厅、网吧、歌舞厅等"青少年不宜"场所的比率就越高。这些人中抢劫、盗窃等与钱有关的犯罪占到全部未成年犯罪的70%以上。无疑，这些未成年人之所以走上犯罪道路，在很大程度上是因为他们从小没得到良好的家庭教育，没有树立正确的金钱观。可见，杜绝孩子花钱大手大脚的习惯，引导孩子正确使用金钱，是父母义不容辞的责任。

在家庭教育中，父母应该做一个有心人，及时认知乱花钱、没有正确的消费观和金钱观给孩子带来的危害，然后采取有效措施，才能避免很多家长这样的烦恼："孩子现在好吃懒做，成绩不理想，喜欢上网玩游戏，在高档商场花钱如流水……导致这些坏现象的原因都是金钱，都是金钱惹的祸。"

小李夫妇为了能让孩子感受到金钱的来之不易，准备在一个星期天进行一次社会实践活动。

周末，他们带着刚上小学的儿子一起去逛街，在一个繁华的路口，有一位老奶奶正在卖报纸，但却少有路人买。小李从口袋里掏出5元钱交给儿子，让他去买10份报纸。儿子买回报纸，父母跟他商量：按原价把报纸卖出去，看看我们能不能很快卖完。儿子在小李夫妇的支持与帮助下，费了很长时间才把10份报纸卖出去。

卖完这些报纸以后，小李夫妇让儿子去问老奶奶，卖一份报纸能赚多少钱。孩子从老奶奶那里知道，卖一份报纸只能赚几毛钱，而且辛苦得很。他突然想："我一天的零花钱有时候是老奶奶几天卖报纸赚来的。"于是，他对小李夫妇说："爸爸妈妈，我以后可不能随便花钱了，挣钱太不容易了。"小李夫妇肯定了孩子的想法，及时表扬了他。这个男孩后来很懂得节俭。

小李夫妇在教育孩子上的方法值得借鉴，让孩子身体力行地尝试赚钱的辛苦，孩子才能切身感受到金钱的意义和价值，才会明白应该如何正确消费。

的确，现代社会，很多孩子不懂得节俭，乱花钱、随意浪费的现象相当严重。很多拿着压岁钱的中小学生请客、送礼、聚会、K歌……表现出来的那种比阔气的"成熟"让人瞠目结舌。现在的孩子不会挣钱，却越来越会花钱，而且丝毫不体谅家长的辛苦，这种现象不能不引起每位家长的深思。

这些现象出现的原因，一方面是家长疼爱孩子的心理，认为他是家的"独苗"，不能苦了他；家长的消费观有时候也给孩子一定的心理影响，他们也攀比、从众、追时髦、喜新厌旧；再者，社会上，很多广告的刺激作用也难辞其咎。

人们的消费可以分为生存性消费、发展性消费、享乐性消费三种。生存性消费、享乐性消费不难理解，发展性消费是指为了人的身心健康发展、科学文化素质提高、事业发达所进行的消费。每个家庭的经济状况各不相同，新时代的家长应该以身作则，帮助孩子树立正确的消费观、金钱观，杜绝孩子乱花钱的习惯。

帮助孩子克服乱花钱的习惯，家长应该留心观察孩子的消费项目，然后制订具体的计划，具体说来，可以从以下几点做起：

1. 引导孩子正确认识钱的意义

让孩子从小懂得钱是什么，钱是怎么来的，怎样正确地对待钱财。对于年龄较小的孩子，联系实际生活进行讲解，多引用一些勤俭节约的事例，让他在启蒙阶段就逐渐形成节约用钱的习惯。对于年龄大的孩子，可以就钱的问题进行讨论。

2. 教育孩子学会花钱

这不仅能杜绝孩子乱花钱，还能让孩子学会如何理财。孩子的消费行为是由被动逐渐走向主动的。从孩子还小起，就教孩子买必要的东西，正确地消费，如何选择物有所值的商品。教孩子保管好钱，防止丢失、被盗。当孩子逐渐步入成年的时候，让孩子学会先认真思考再花钱，并逐渐养成习惯，避免盲目消费。另外，也可以采取让孩子"一日当家""一周当家""记收支账"的方法，让孩子在实践中学习理财，培养节俭的品质。

3. 帮助孩子学会积累和储蓄

孩子手里的零用钱、压岁钱按照计划使用，适当积累。必需的东西选择买，可买可不买的选择不买，把钱存起来，让他体会到积累的快乐，从而逐渐形成节俭的习惯和品质。

4. 教育孩子量入为出

让孩子明白，花钱的前提是有经济来源。每个家庭的经济情况不同，每个人花钱时都要衡量自己的支付能力。即便家里很有钱，也不能随便乱花。

5. 教育孩子珍惜物品，不浪费

让孩子了解所吃、所穿、所用的东西来之不易，都是用汗水和心血创造出来的，随意浪费是不珍惜劳动果实、不尊重劳动的表现。带领孩子一起劳动，体会劳动的艰辛，因为这样，孩子对自己创造的具有劳动价值的东西就能格外珍惜。

新的时代里建立新的消费观念无可厚非，但应具科学性。培养孩子节约的品质，要从家长做起。家长从认识到行为，都要给孩子做榜样，这样才会带动孩子养成节约的习惯，才能杜绝孩子乱花钱的习惯，让孩子学会吃苦能锻炼他的意志，让他懂得奋斗。经历点苦难的洗礼，他才会更加珍爱生活，珍惜生命，才能成人、成才！

父母的有求必应会让孩子花钱毫无节制

只有经历过坎坷磨砺、性情坚忍的人才能担当大任，只有靠自己双手获得财富的人才能珍惜一分钱的重要性，而"节俭是中国传统的美德"，这句话每位家长都不陌生。但随着生活水平的提高，许多家庭的生活条件优越，家长对于孩子也是有求必应。孩子生长在这种环境中，没受过苦难，不懂得珍惜得来不易的日子。他们认为生活条件好了，不愁吃，不愁穿，浪费一点也没什么，因此节俭也就成了一句空话。

事实上，造成这些现象的主要原因是父母过于宠爱孩子，孩子爱怎样就怎样，家里有钱，父母也百依百顺。很多父母觉得自己小时候什么都没有，现在又不穷，干吗还让孩子受苦？

但家长在教育孩子的时候，要让他们对金钱有个明确的认识，教育他们有节制地花钱。那么，具体如何教育呢？

1. 让孩子清楚了解金钱得来不易

父母应该帮孩子找寻在假日参加劳动服务的机会。如让孩子在家帮忙做家事，付给他一些酬劳。其目的在于让孩子明白金钱来之不易，它是经过艰辛的劳动换来的,从而培养孩子养成自力更生、勤劳的好习惯,并进一步激发孩子刻苦学习、积极的进取心和责任感,懂得人立足社会、学会生存的艰辛,从小立下创业的志向和决心。

2. 让孩子建立"勤俭节约很光荣,铺张浪费真可耻"的价值观

在家里不能娇惯孩子,对孩子的要求不能盲目答应,合理的给予满足,不合理的一定不能迁就。不该浪费的,小到一张纸、一滴水也不能浪费。要跟孩子讲道理,不要孩子一闹,大人就妥协,同时多跟孩子讲些勤俭节约的故事来激励他们。

3. 引导孩子有计划、明智地消费

俗话说:"不当家,不知道柴米贵。"父母要多让孩子深入生活、了解生活、体验生活,从而明白如何珍惜生活,珍惜付出后得来的成果,这一点对他们的成长必定会有深远的影响。

节俭习惯的养成,是一个日积月累、循序渐进的过程。父母要把孩子培养成有志向、有出息的人,勤俭节约、艰苦朴素的教育是不可或缺的,这也是教育的一个重要部分,这将成为他永久的财富!

告诉孩子要花钱,自己挣

作为父母,我们都明白一个道理,孩子始终是要走上社会的,也最终要靠自己,他们不可能永远在父母的臂弯里成长。作为家长,就要注意培养孩子艰苦奋斗、自力更生的能力,要让孩子杜绝"没钱找爸妈的

想法",要制定规矩,告诉孩子"要花钱,自己挣"。凡事靠自己的孩子才能沉着应对艰难困苦,才能适应充满激烈竞争的社会。

我们不能不承认这样一种社会现象的存在:随着改革开放和人们生活水平的提高,很多孩子生在幸福窝里,不知何谓"吃苦",而他们手中的零花钱也渐渐富余,因为很多父母抱有"宁可苦了自己,不能苦了孩子,吃苦的年代已经过去了"这样一种想法。但这种想法导致了孩子要零花钱时心安理得,花得也是大手大脚,全然不知家长赚钱的辛苦。其实,父母手里的钱也是通过付出劳动和汗水得到的报酬,每个人想要得到什么,都必须有一定的付出。因此,在家庭教育中,父母可以鼓励孩子自己挣零花钱。通过这种方式,让孩子知道赚钱的辛苦,从而改变乱花钱的习惯,学会控制自己的消费行为。

这一点,"石油大王"洛克菲勒做得很好,他是闻名全球的富豪,可他教育孩子的方式却不符合人们的想象。按照人们的理解,在这种家庭生活的孩子肯定是享尽荣华,无所不有,但事实恰恰相反。

洛克菲勒对其子女的管教方式与其父亲老洛克菲勒有关,他的父亲真是用同样严格的方式教育他,而他继承了这一点。这导致他的6个子女并没有享受过由金钱带来的过于奢华的富裕生活,他们没有游泳池,没有网球场,没有棒球场。在洛家庄园里,他所有的孩子都穿着普通的服装,玩耍着自己制作的各种玩具。

洛克菲勒积极地鼓励孩子们参加家务劳动,以此来获得额外的补贴。例如,逮到走廊上的苍蝇每100只1角,捉住阁楼上的耗子每次5分,背柴火、垛柴火和拔草每小时可得若干,等等。当时9岁的二儿子纳尔逊

第09章
定花钱规矩，教孩子学会有节制地花钱

（后来的副总裁）和7岁的三儿子劳伦斯（后来的新工业巨子）就主动地承包了全家擦皮鞋的活儿。皮鞋每双5分，长筒靴每双1角。

平时，洛克菲勒会带头补衣服给孩子们看。他还要求孩子们开垦菜园，种菜种瓜，除满足自家需要外，还卖给附近的食品杂货店。纳尔逊和劳伦斯当时就合伙饲养过一批家兔，卖给了医疗所，供科研使用。

在日常开支上，洛克菲勒规定：零用钱因年龄而异，10岁之前每周3角，10岁之后每周一元，12岁以上每周两元，每周发放一次。孩子们所用零花钱，需要有详细记录。如果是不正当开支，在下周发零花钱时要予以适当扣除。洛克菲勒认为：这是教育孩子力求节约，避免浪费。

洛克菲勒为使子女不饱食终日，挥霍无度，当第一次世界大战爆发的时候，他要求全家和千万平民一样转为战时的经济状态：食糖限量，面包限额，戒吃牛肉，甚至不许子女外出游乐。这种严格的平民化的生活与观念的训教，逐步养成了子女们崇尚节俭、反对奢华的优良品格。

小儿子戴维（后来的大通国民银行总裁）在读大学时，就曾回忆道："从我们最初的岁月起，父亲就教我们不要把食物吃剩在盘中，不用灯时不能将灯亮着，不能乱花钱……这是令人憎恶的浪费和懒惰。"

洛克菲勒为什么会这样教育自己的孩子？用他自己的话说："为了不出败家子。"因此，他对孩子进行"平民化"教育。洛克菲勒富甲天下，却舍不得给孩子太多钱，对于孩子的零花钱，不但根据年龄制定了不同的标准，还鼓励孩子依靠工作赚钱。他鼓励孩子工作，是为了让孩子积累宝贵的人生经验，让孩子体会到父母赚钱的辛苦，让孩子明白只有付出才会有收获。孩子通过劳动赚钱，不但会产生一种成就感和自立

感，也为将来独立开创事业积蓄了知识和力量。

恰好相反，很多中国父母认为，对于孩子不能苛刻，他们还小。经常有父母把自己辛苦一生积攒的钱留给下一代，为了使他们有更好的生存环境。可事实上，这却造成了这些孩子好逸恶劳、不懂得靠自己的双手打拼。钱财来得太容易，会让孩子不懂得珍惜，也感受不到其中的艰辛和荣耀，更谈不上自立地做人做事。这或许就是为什么中国人说"穷不过三代，富不过三代"的原因吧。

无数事实证明，过早地给孩子太多金钱对他们的人格养成并没有好处。不让孩子坐拥财富，反而能让他们认真工作，并且远离吸毒、酗酒和游手好闲的混混生活。因此，父母爱孩子，就不能让他们坐拥财富，而要让他们凭自己的本事挣钱花。

因此，作为父母，要记住这句口号："要花钱，自己挣。"应该多对孩子进行引导，创造条件，让孩子从小养成独立的精神，学会在奋斗中成长。让他们在自食其力的行动中完善自己的独立人格，这种教育方式将成为他受益一生的财富！

让孩子养成勤俭节约的习惯

勤俭节约是中华民族的优秀品质，我们的祖宗曾留下许多脍炙人口的话语告诫后代子孙要养成勤俭节约的好习惯。如朱子将"一粥一饭，当思来之不易；半丝半缕，恒念物力维艰"当作"齐家"的训言；诸葛亮把"静以修身，俭以养德"作为"修身"之道以"厉行节约，勤俭建国"为"治国"的经验。"俭，德之共也；侈，恶之大也。""历览前贤国与家，成由勤俭破由奢。"勤俭节约是国人的一种传统美德，是中华民族的优良传统，也是一个人的优良品德。

古今中外勤俭节约的故事不胜枚举。伟人在勤俭节约方面为国人做出了表率。作为未来社会接班人之一的孩子，也必须拥有这种优良的品质，认识金钱的真正含义。但现实生活中，在孩子中间却出现了令人瞠目结舌的铺张浪费现象。究其原因，孩子手中的钱财来源于父母。所以，孩子浪费的习惯是父母约束不力造成的。父母的过分溺爱，让孩子们丧失了自我控制的能力，占有欲望无限膨胀，只要自己喜欢，不加以思考就向父母要钱去买。一旦对某个贵重物品丧失兴趣，就会毫不犹豫地丢弃。这一可怕的现象，正普遍存在于我们周围的孩子当中。

而为孩子定规矩，让孩子勤俭节约已经刻不容缓。从小养成的习惯会伴随人一生，在孩子成长初期培养他勤俭节约的品质，会使他受益终身，成为蕴藏在他内心深处的取之不尽的资本。

消费至上、享受第一、奢侈浪费、只知享乐的生活方式会让孩子养成贪婪、攀比、从众、追求时髦、喜新厌旧等很多坏习惯。孩子将来无论做什么工作，都要走上独自生活的道路，要想生活得好，勤劳节俭就必不可少。

虽然很多学校教育中，也提倡孩子勤俭节约，但这治标不治本，因为孩子心智还没成熟，很容易受外界因素的影响。奢侈的风气让孩子之间互相攀比，谁花的钱多谁就有威信，这更容易让孩子走上歪路。很多老师虽然反对孩子的奢侈浪费行为，平常也会批评孩子，但这不能从根本上纠正孩子不良的生活习惯，很难让孩子有所改变。而作为孩子经济来源的父母，言传身教就是改变孩子铺张浪费习惯的最好教育。其实，让一个孩子养成某种习惯并非难事，关键看家长怎么教育。所以，家长应该以身作则，培养孩子勤俭节约的品质。

生活中，很多孩子在吃、穿、行上攀比成风，随意浪费粮食，平常在外面吃饭时大手大脚，剩的要比吃得多，甚至为了摆阔气点很多菜，吃不完也不打包带走……究其原因，还是家长对孩子的影响不够。如果家长在生活中就不懂得勤俭节约，让孩子自己学习勤俭节约也是不可能的。

为了让孩子养成勤俭节约的好习惯，家长可以试用下面的方法：

1.让孩子从做一些力所能及的事情开始

例如，我们可以定下规矩：吃饭时不剩饭，饭菜不随意扔掉；用水时水龙头不要开得太大，用完后要关紧；不丢弃没写完的作业本和纸张，可以留做草稿纸或他用，养成双面用纸的好习惯；生活中注意节电，光线充足时不开灯，充分利用自然光，随手关灯，人走灯灭。当然，家长也要以身作则，让孩子在潜移默化中养成勤俭的习惯。

2.安排孩子多做些家务事

据调查：经常帮父母干家务的孩子不足10%，主动干家务的孩子更少。家长可以多安排孩子做一些力所能及的家务，让他真正体会到劳动的艰辛和不易，从而自觉地养成勤俭节约的习惯。

3.家长应积极配合学校的工作

家长要正确引导孩子，培养孩子艰苦朴素、勤俭节约的品格，坚决拒绝孩子提出的不合理的物质要求，向他们解释拒绝的理由，让他们学会珍惜家长的劳动成果。如采取一些社会实践活动，可以在校园里捡废品来换成钱，或是通过给别人送报、修剪草坪来赚取自己的零花钱。这样可以让孩子培养自力更生的能力。

家长除了让孩子节约以外，还要让孩子形成勤俭的习惯。古人云：勤能补拙，俭以养廉。只要能够勤劳，即使是天赋差一些，也会把工作学习搞好，会在事业上做出成绩。只要能够节俭，不贪图物质享受，追求奢华生活，保持廉洁的美德，在事业上就会不断追求进取，有所成就。因此，家长要身体力行，培养孩子养成勤俭节约的生活习惯，这种习惯会让孩子受益终生！

培养会花钱、精打细算的孩子

如何看待金钱，如何获取金钱，如何使用金钱，涉及金钱观。那么，什么是金钱观？简单地说，金钱观就是对金钱的认识、分配与使用方法的思考和行为模式。

毋庸置疑，树立正确的金钱观对于一个人有深远的影响：正确的金钱观，指导我们理性地对待金钱，通过合乎道德与法律的正当途径挣钱，把钱用到利于国家社会、利于他人的、有益的地方，用到有利于自己发展、实现人生价值的地方。树立正确的金钱观，我们的灵魂会更纯洁，道德会更高尚，境界和智慧都能上一个层次。而价值观的形成是一个长期的过程，家长要从小培养孩子正确的金钱观，穷什么不能穷观念。现在，很多孩子在很小的时候，就认识"钱"这个神奇的物品，但是对钱的观念却是后天培养出来的，如果家长能多给予孩子一些正面的教育与示范，就能帮助孩子在未来处理金钱事物上，奠定一个良好的习惯。

为孩子制定金钱规矩，目的也就是培养正确的金钱观，包括鼓励孩子积累财富，培养精打细算的习惯。但这并不意味着要让孩子和金钱隔离开，家长自己要明白，金钱不是罪恶的，不要让孩子对钱产生神秘感。孩子不管在哪个阶段都会有"金钱主义"，如果你没在家里教会他正确的金钱观，而是把这块空白留到他离开家步入社会之后才来填补，那就很容易失控。那些上大学后，拿学费玩电子游戏、上网、买跑车的孩子，都是父母早期的金钱教育缺失或错误造成的。这告诉家长，要为孩子制定花钱的规矩，让孩子学会精打细算，首先就必须让孩子对金钱有个全面的概念，家长不妨从小教孩子掌握一些金融理财知识。

3岁，应学会识别硬币。

4岁，学会用硬币买简单商品。

5岁，知道管理少量零花钱，知道钱是劳动得到的报酬。

6岁，会识别大面额纸币，知道简单的零钱找换。

7岁，懂得阅读价格标签并确认自己有无购买能力，保证找回的钱数正确无误。

8岁，知道估算所要购买商品的总成本，知道节约以应对近一个月内的需要，懂得在银行开户存钱。

9岁，知道订立简单的每周开销计划，购物时知道货比三家。

10岁，知道每周储蓄小笔钱以在必要时购买较贵的商品，懂得阅读商业广告。

11岁，知道进行较长期的银行储蓄，包括储种、利率，学会计算利息，知道复利的原理。

12岁，知道明智投资的价值，懂得正确使用一般银行业务中的术语，并知道钱来之不易应该珍惜。

13~15岁，可尝试一些安全的投资工具和服务，知道如何进行预算、储蓄和初步投资。

16~17岁，学习一些宏观经济基础知识，了解简单的金融工具之间的相互联系。

懂得这些金钱知识后，孩子自然就能懂得如何精打细算。生活中，很多家长抱怨："孩子昨天要钱，今天要钱，可这些钱却没有全部花在学习上。"。寻根究底，家长的教育是造成孩子奢侈浪费的重要根源之一，让孩子从小有良好的金钱观，培养精打细算的孩子，家长除了让孩子明确钱的概念，更重要的是，从自身做起。

培养孩子的经济意识对于生活在现在社会中的孩子是正确的行为，但是把大人所有的金钱观全部灌输给孩子却是不明智的。孩子毕竟是孩子，心智不健全，他只懂得刻意地模仿。模仿的过程中如果没有大人的监督就有可能酿成大错。在这个充满诱惑的社会中，如何给孩子奠定一个正确的金钱观,给他未来的人生铺垫一个良好的基础显得格外重要。作为家长,只有以身作则,首先给自己树立一个良好的心态,正确的金钱观,然后慢慢引导孩子,从生活中的精打细算开始,孩子一定能勤俭节约,做到"君子爱财,取之以道,用之有度",以正确的金钱观作为立世之本!

激发孩子储蓄的兴趣

可能很多家长都教给孩子这样一句话:"努力学习,找好工作。"的确,学习是学生的天职,但很多父母忽视了孩子需要更复杂的教育,而现在的教育体系并不足以供应这些。很多人发现,学校教育中几乎不涉及孩子的启蒙理财能力,这一点正需要家庭教育来补充。在孩子小的时候,父母就应有意识地培养孩子理财尤其是储蓄的能力,指导孩子熟悉掌握基本的金融知识与工具。从短期效果来看是规定孩子不乱花钱,从长远来看,将有利于孩子及早具备独立的生活能力,使其在高度发达、快速发展的时代中,具有可靠的立身之本。

外国家长,特别是华裔家长,很重视培养孩子的储蓄观念,为以后学习炒股打下思想基础。例如,有的小孩喜欢吃冰淇淋,如果买一杯要花50美分,家长就告诉他:"你想吃,可以,但是今天只能给你25美分,等到明天再给你25美分,你才能买来吃。"这就是孩子储蓄观念的萌发。又如,家长平时给孩子一些钱,或者让孩子得到一些劳动报酬,并帮孩子找到有利息的银行开一个存款账户。

曾经有人对教孩子怎么储蓄这个问题提出建议:"那么父母应该怎样教孩子会计?这些连父母自己都觉得枯燥乏味的东西,孩子们不会烦吗?而且当你自己就是一个风险的回避者时又怎么去教孩子投资呢?因此我们不能简单地说教,而是要让孩子们玩这游戏,让他们自己去体会,和他们一起学习和讨论,我断定这是最好的教育方法。"

激发孩子对储蓄的兴趣,是孩子树立正确金钱观的重要部分。

第一,做到家庭经济透明,因为辛苦钱最值得珍惜。家长可以说:"孩子,当爸爸还是大巴司机时,微薄的薪水仅够家里紧巴巴的开支。但你是否觉得,那时买的巧克力特别香、糖特别甜、玩具更好玩,有没有感到钱的珍贵?"以情动人,孩子幼小的心灵中容易有节俭和储蓄的萌芽。

第二,帮孩子建立自己的银行账户——给他有限的自由。

孩子们对于金钱还没有完全的掌控能力,家长又想给他们一定的理财自由以培养兴趣,当这两种需求结合在一起时,孩子的银行账户就形成了。

父母可以让孩子持有附卡并设置自己的密码,使孩子感受到一定的自由。家长持有主卡来遥控附卡,通过主卡对孩子日常花费有所了解。平时在父母给予的上限金额内,孩子可以自由支配银行卡中的金额。孩子外出上学,父母也可以同银行约定,每月按时由主卡向附卡自动转账,这样家长可以通过银行卡来控制子女在校的消费情况,实现远程遥控,也可以让孩子可以通过网上银行实现父母与孩子账户之间资金划转。通过对理财账户的使用，孩子可以非常全面地了解一些储蓄常识，并在潜移默化中培养正确的理财观念。

另外，定期让孩子看到自己储蓄账户的金额，给他制订一些小计划，让他体会到成就感和储蓄的收益。加上不断地给他"小恩小惠"奖励，让他养成节俭并有计划的消费习惯，学会储蓄。储蓄账户，可以算得上激发孩子理财兴趣的第一步。

帮孩子储蓄，可以先从压岁钱开始。每次过年，压岁钱都会把孩子的腰包装得鼓鼓的，这些钱加起来是一笔不小的财富。家长除了帮助孩子购买一些必要的物品外，还能怎样利用这笔钱呢？

授人以鱼不如授人以渔，与其为孩子准备金山银山，不如让他们拥有理财技能，从储蓄开始，这是教孩子理财的敲门砖。

金钱观是价值观中重要的一部分，正确的金钱观更是帮助孩子拥有良好品质的重要内容。现代社会，理财能力的高低，已逐渐成为判定一个人能力大小的重要方面，因此，激发孩子的储蓄兴趣，是培养孩子各方面能力的良好开端！

第 10 章

定情绪规矩，提升孩子的情绪管理能力

为人父母，我们都希望孩子是快乐的，希望孩子有个快乐的童年，但孩子在成长过程中，会有各种各样的烦恼，并不完全是无忧无虑的。教育心理学专家认为，童年是孩子情绪形成与发展的关键时期，作为家长，我们有必要引导孩子认识和表达自己的情绪，并为孩子制定情绪规矩，帮助孩子管理情绪，成为情绪的主人。

细心观察，留意孩子的情绪变化

我们都知道，任何人都是有情绪的，包括喜、怒、哀、乐、恐惧、沮丧等，因为人是情绪的动物，人的情绪也是与生俱来的，孩子逐渐长大，也开始有了多变的情绪。对此，我们要学会留意孩子情绪的变化并及时予以疏导，不然，他们的情绪就会像一匹脱缰的野马四处乱撞。可能刚刚那个活泼开朗的孩子一下子就变得闷闷不乐、喜怒无常、神神秘秘了。

在亲子关系和谐的家庭中，父母一定是懂得随时关注孩子的情绪的，当孩子出现烦恼时，他们总是能成为孩子的知心朋友。

那么，当对孩子的情绪予以理解以后，又该怎样帮助孩子顺利梳理好情绪呢？

作为父母，你是否发现，当孩子呱呱坠地时，我们会特别留意他，会留意他的声调、面部表情、动作、姿势等，会用自己的行动表达对孩子的爱，可当孩子逐渐长大，我们反倒把这种表达爱的方式搁浅了。这种细微的变化，很多父母都没有注意到，而孩子在离我们越来越远。进入儿童期后，孩子的各种情绪日益明显，很多家长抱怨孩子不好管，事实上，没有教不好的孩子，只有不好的教育方法。只要方法妥当，任何孩子都是优秀的；只要用心，总能找到合适的教育方法，而孩子更需要的是家长的爱和关心。

因此，作为父母的我们，就要体贴和帮助孩子，要对孩子身心发展的状况予以留意，对他们某些特有的行为举止要予以理解并认真对待。认识到孩子在儿童时期的情绪管理至关重要，继而理解孩子，才能和孩子做朋友。

家长要做到：

1.理解、信任孩子，查找孩子产生消极情绪的原因

每对父母都是爱孩子的，可是教育的结果却完全不同，为什么有的家长能跟孩子和谐相处、情同知己，有的却水火不容、形同陌路？这就是教育方法的不同造成的。作为父母，首先要了解你的孩子，关注孩子的成长过程，你要了解孩子烦恼产生的来源，只要这样，才能对症下药，帮助孩子解决烦恼。

2.适当"讨好"一下孩子，缩短彼此间的心理距离

当然，这里的"讨好"并不具备任何功利目的，而是为了加强亲子关系，父母亲应该偶尔赞扬一下孩子，或者带孩子出去散散心等，让孩子感受到家庭的温暖。彼此间的心理距离拉近了，孩子自然愿意向你倾诉了。

3.不要总是压制孩子表达自己的想法

任何父母，都希望孩子把自己当朋友，对自己倾吐成长中的烦恼与快乐，然而孩子难与他们沟通，这是很多父母共同的感受。这是由什么造成的呢？其实，孩子也想对父母说实话，只是很多父母总是端着家长

的架子,甚至压制孩子的想法,孩子又怎么愿意与你沟通呢?因此,聪明的父母都会引导孩子发表自己的意见,让孩子畅所欲言。

4.重视孩子,平等交流

家长要学会跟孩子聊天,不要认为孩子的世界很幼稚,对孩子的话题不感兴趣。不论孩子说什么,你最好表现出很感兴趣的样子,这样孩子才有跟你交谈的欲望。

望子成龙、望女成凤的家长们,在日常生活中,如果你发现你的孩子满脸愁容,那么你就要考虑下自己的孩子是否在为某件事烦心,此时,你要从理解孩子、尊重孩子的角度,做孩子的朋友,或许他会对你敞开心扉!

制定规矩,引导孩子学会控制自己的脾气

生活中经常会发生一些不快的事情,这些事件会影响人们的情绪,尤其是遭受挫折时,人们会沮丧、抑郁,孩子当然也不例外,如孩子考试没有考好,没有评上三好学生或者被同学欺负了等,这时孩子就会出现明显的挫折感。他们不高兴,就会找出一种发泄的方法,发脾气就是其中最常见的一种,甚至有些性格懦弱的孩子还会哭闹。一碰到孩子哭闹,父母就觉得是不是自己没有做好,内心愧疚;有些家长听不得孩子哭,孩子一哭就会想办法制止;还有一些家长,孩子哭闹或是发脾气的时候,自己也按捺不住心中的怒火,或是训斥或是打骂孩子。这些都是

错误的解决办法，只能强化孩子的这种消极心理。

溺爱孩子，就是认同孩子发脾气是正确的，而家长的认同是孩子的"通行令"，只能增长孩子的坏脾气。而父母对孩子比较粗暴，动不动就训斥孩子，孩子对各种事情没有任何解释和发言权，又会使孩子减少或缺乏学习用语言正确表达情感的机会，也就有可能最终养成粗暴待人等不良习惯，这会对孩子性格的形成产生消极影响，不利于孩子以后的生活和事业。

那么，我们该怎样引导孩子学会控制自己脾气呢？正确的方法是与孩子协商并制定规矩，具体来说，我们可以这样做：

1.家长要首先管理好自己的情绪，给孩子做个榜样

如果家长自己都不能很好地管理自己的情绪，如孩子哭闹时，自己先忍不住，要么逃避，要么以不耐烦甚至粗暴的态度面对孩子，孩子是不可能学会正确管理情绪的。这就需要家长明白两个道理：

（1）要想正确面对孩子的哭闹，需要了解孩子为什么会这样做。家长需要认识到，哭闹和发脾气，是孩子心情不好的时候的一种本能表现，是孩子发泄心中负面情绪的一种方式。一方面，他们还小，不能很好地控制自己的情绪；另一方面，孩子需要学习其他更能够被别人接受的方式，让自己心情平静。

（2）小孩子的哭闹和发脾气并不是坏事。小孩子的哭闹和发脾气，其实是好事，因为让负面情绪发泄出来，孩子的心理才健康。家长要做的不是压抑孩子而是帮助孩子逐渐学习如何通过其他方式来发泄。由于孩子对自己情绪的控制能力比较差，他们时不时地发小脾气是常见的

事情。

帮助孩子控制自己的脾气需要一个过程,因为孩子的自控能力不是一下子就能形成的。可能在很长的时间里,家长都需要耐心地面对孩子的哭闹,并逐渐引导孩子学会其他的发泄方式。中国有句老话:"孩子见了娘,没事哭三场。"确实,孩子在母亲面前,要比在别人面前更爱哭闹。这是非常正常的现象,妈妈们千万不要担心,别以为这样会把孩子惯坏。

2.根据孩子的特点和孩子沟通能有效地帮助孩子控制自己的脾气

沟通没有通用的模式,与一个孩子沟通的方式并不总是适合于另一个孩子。因此,父母必须根据自己孩子的特点,创造自己的沟通方式。

3.帮助孩子找到合理的发泄情绪的方式

家长要帮助孩子学会用语言表达内心的感受。如孩子因为妈妈不同意带他去吃麦当劳而哭闹的时候,妈妈可以说:"你现在一定很想去吃麦当劳,可是我们约定一周才能去一次,今天去不了,真遗憾,我也替你感到很伤心。"这样帮孩子说出来,孩子就会感觉好受一些。逐渐地,他也能够学会用语言代替哭泣来表达情绪。还有一点需要强调的是,家长要允许孩子哭闹,但是,不能因为孩子的哭闹而纵容孩子。

有的家长特别怕孩子哭,孩子一哭,就会纵容孩子的某些错误做法,或者给孩子许诺、满足孩子的无理要求。例如孩子一哭就答应给孩子买糖、买玩具什么的,这样做不仅不能解决问题,还会让孩子发现,哭闹能换来很多好处,以后他会更多地采用这一"秘密武器"。

总之,让孩子学习控制情绪,首先应尽量做到使孩子在合理范围内有充分表达情绪的权利，因为孩子能够充分地、合理地表达自己的情绪，正是孩子心理发育基本健康的标志。但毕竟是孩子，他的情绪表达方式难免会有偏颇，有时会出现对自己和他人都不利的情绪过激现象，如孩子因发脾气与别的孩子争吵打架，可能伤着自己和对方，冲着长辈和老师发脾气则是不礼貌行为，或者脾气上来碰头捶胸、摔砸物品等都是不合情合理的。遇到这些情况时，父母不应视而不见，而要采取一致意见，严厉制止，让孩子知道发泄情绪也应有一定的界限，自己发泄情绪不应损害别人的利益或损害物品，父母要努力成为孩子愿意倾吐秘密的对象，成为对孩子的事情感兴趣的人。只有这样，孩子才乐意向父母敞开心灵。慢慢的，孩子就学会控制自己的脾气了。

别让孩子形成任性的坏毛病

所谓任性，是指一个人不顾客观环境和条件，自己想说什么就说什么，想做什么就做什么，不听从别人的劝告和阻拦，任着性子来。孩子的任性是一种不良性格特征的苗头，对孩子的成长很不利。我们发现，现代社会，很多父母误解了教育的真正含义，认为爱孩子，就是要满足孩子的一切要求，正是这种有求必应，让孩子形成了任性的坏毛病。

其实，教育孩子的重要目标，就是教育出一个能为他人考虑的孩子。这种孩子无论在家庭、学校还是未来走上社会，都会成为别人青睐的对象。

孩子为什么任性呢？是家长的教育使然。有多少父母和祖辈，家中的"独苗苗"刚一哭闹耍性子就心软了，就"投降"了，就百依百顺了？等到孩子掌握了哭闹这个要挟大人的"法宝"，知道哭闹可以"摆布"大人达到自己的目的，就无休止地恶性发展下去。当父母想要改掉孩子任性的毛病时，才发现自己已经教会了他任性。因此，改掉孩子任性的毛病，让孩子懂事，必须从小开始。

一个懂事的孩子不会任性，那么，家长应该怎样教育出一个懂事的孩子呢？这是一个长期教育的过程，但前提是要制定规则，具体来说，我们要这样做：

1.防患于未然

孩子的任性表现，一般也有规律。父母可以观察孩子在什么情况下容易犯拧，当这种情况临近时，你可以事先向孩子提出要求，约法三章。如孩子和祖辈在一起容易任性，那么你带他到姥姥家去之前，就该打打"预防针"。

2.说理引导

孩子有些要求是无理的或不能满足的，你应赶紧利用童话、故事等方式，给孩子讲清道理，这常常可以避免孩子任性，但一定要及时。

3.激将夸奖

小孩子好胜，更喜欢"听好话""戴高帽"。在孩子出现任性行为的初期，你或者顺向地夸奖他的某一长处，为孩子"转变"找台阶，或者反向地激将，说孩子"不会怎样，不能怎样"，孩子可能就来了"我能……"的劲。这样，往往会使他摆脱任性的情绪状态。

4.注意转移

我们经常看到这样的情形：孩子非常任性地要做不该做的事，大人非要阻拦不可，但说也不听打也不行，一个要干，一个要拦，相持不下，局面尴尬。若恰在这时推门进来一个生人或发生一件新奇的事，孩子立刻被吸引过去，就不再任性了。这是因为他的注意转移了。孩子的注意力是容易转移的。你可以在孩子出现任性行为时，利用当时的情境特点，设法把你孩子的注意力转移到能吸引他的一些新颖的事物上去。这一方法在任性初起时更灵。

5.不予理睬

在孩子任性地耍脾气时，在料定没什么"安全问题"的情况下，就可以不去理睬他，听任他闹一阵子，等他不闹了再去说理。这种方法需要你一不要太性急，二不要心太软。

总之，孩子的懂事不是天生的，需要家长的长期引导，要改掉孩子任性的坏毛病，对于孩子的任性就不能太过于迁就，不能让孩子得寸进尺。让孩子懂事，形成一种自制力，才是教育孩子的重要目标之一！

让"胆小鬼"变得更勇敢一些

作为父母，在孩子还很小的时候，他们很娇弱，需要我们的保护，但我们的孩子绝对不能是个弱者，要知道，一个弱者难以在社会上立足。我们教育孩子，就要让孩子凡事有足够的勇气，把懦弱的苗头扼杀这样和孩子定规矩,孩子不抵触。

在摇篮里。因此,父母应该在孩子在还小的时候,就为之制定规矩,培养孩子的勇气。

事实上,在现实生活中,大部分父母在教育孩子时,往往更关注其学习成绩,而忽视了其勇气的培养,这使得孩子普遍缺少勇敢精神。这些"胆小鬼"凡事"怕"字当头:怕黑夜,怕生人,怕风,怕雨,怕闪电惊雷,怕动物,怕父母不陪在身边……但是父母并不认为这有什么不妥,反而觉得小孩子就应该如此,但是这样的认识未免显得片面,因为他们没有看到一个懦弱的孩子很难建立起自信,也很难做成属于自己的事情。

孩子胆小的源头在家庭、在父母、在他们不恰当的教育。造成孩子胆小的原因主要有以下几个方面。

1.经常受到恐吓

孩子在小的时候,难免哭闹,有些家长见孩子要哭要闹,或者淘气调皮不听话,就采用恐吓的方法来让孩子停止哭闹,如用大灰狼、老虎来恐吓,甚至关掉电灯,或者让孩子独自待在某个房间。这些方法无异于饮鸩止渴,表面上看是制住了哭闹的孩子,但实际上他们稚嫩的头脑中会形成抹不掉的阴影,副作用是很大的,会给孩子带来长时间的心理创伤。时间久了,就是一个特别胆大的孩子也会变得畏畏缩缩,一个对生活带有恐惧心理的孩子,是很难有勇气面对"侵略"的。在被欺负的时候,恐惧心理会卷土重来,像一个巨大的阴影吞噬孩子幼小的心灵。甚至在孩子长大以后,这种阴影仍然挥之不去——即使他们知道,狼外婆只是儿时的童话。

2.动辄训斥

俗话说严师出高徒，很多父母认为孩子是管教出来的，于是便陷入一些误区：他们对孩子管教得很严厉，对孩子的要求过于苛刻，孩子稍有差错或稍有不顺眼的地方，动辄大声训斥，严厉批评。可父母忽视的是，孩子生性娇弱、自尊而敏感，动辄大声训斥，不是让孩子彻底丧失自尊心，就是让他与自信心无缘，这样的做法无异于扼杀孩子的未来。

3.过分娇惯

与过分严苛相同，过分娇惯也会让孩子产生懦弱的心理。这也不是对孩子好，因为娇惯让孩子没有了接触挫折和失败的机会，也就剥夺了孩子锻炼的机会。

很多父母，潜意识里把孩子当成弱者来看待，这会使孩子产生自卑感，会让一个原本自信的孩子失去坚定、果敢、骄傲等品质，对于孩子的成长极为不利。鉴于此，家长应该改变教育方式，为孩子制定规矩，教孩子勇敢起来。

1.给孩子树立榜样

家长要必须勇敢、坚强，做孩子的榜样。同时，还要积极鼓励孩子与人竞争，积极参与各种活动，在参与中锻炼和壮大胆量。勇敢心态的培养要从小开始，从点滴的小事做起，对孩子多鼓励、多赞赏，帮助孩子排解心理障碍，克服自卑心理，才能造就新时代新人，让他们生活在自信自立的天空下，快乐而幸福。

2.不要过分溺爱孩子

家长的过分保护会给孩子消极的暗示。在家长的溺爱下，孩子一方面会变得娇纵、不可一世；另一方面，孩子的身体动觉能力也没有得到开发，会对实践产生畏惧心理。这样的孩子在面对"侵略"的时候不知所措，也就不足为奇了。

3.鼓励孩子对外交往

孩子天生是出色的外交家，他们的世界是以关系为主的，他们需要在交往中锻炼自己的能力。如果孩子的生活中缺少了这一环节，他们就不知道该如何与别人交往，当碰到不公平的事情时，就更不知道怎么处理了。

4.鼓励孩子勇于争取

父母不可能永远是孩子的保护伞，只有真正地让孩子勇敢起来，拥有积极的心态，做一个生活的强者，才能让孩子独自去面对原本就不是一帆风顺的生活，在挫折面前才不会奢望别人的帮助，才会化不利为有利，才不会在外人面前轻易流泪，也不会在困难面前手足无措、六神无主，最终才能成为一个强者！

孩子产生生气情绪的原因有哪些

杰克今年4岁了，前几天，他的表姐来他家玩的时候带来一个新的玩具，等表姐走后，杰克便开始纠缠妈妈，非要妈妈也给自己买一个一模一样的玩具。但那时候已经夜里8点多了，他所住的小区离市区很远，这个玩具只有在市中心某大型超市才有得卖，也没有去市区的车了，妈妈就告诉杰克今天暂时不买，但杰克不依不饶，哭闹了一整夜。

这件事表面看起来是杰克任性，无理取闹。可实际上是他的妈妈没有从心理角度去了解，她认为杰克非要那个玩具，是因为别人也有，纯粹是胡闹。而她忘记的是，也许杰克只是对那玩具上一直闪着的灯感兴趣，如果自己也拥有一个的话，就能好好研究了。这就是一种好奇的心理需求。当他的这一心理需求得不到满足时，他就与妈妈作对，无奈中只得以哭来抗议。不达到目的，绝不罢休。

所以，这个故事中，如果杰克的妈妈看到了孩子的这一心理，采取表扬杰克要弄清那玩具为何闪亮是爱动脑筋和非常聪明的表现，再摆出今晚不可获得这个玩具的道理，并承诺明天将与他共同研究玩具闪亮的方法，可能杰克的情绪会好得多。至少，他心理上会感到妈妈对他的理解和支持。

经常看到有些孩子在家长没有满足他的欲望时大声哭闹、在地上打滚，或撕扯自己的头发、衣服，或抱着家长的腿赖着不走。这些行为称为"暴怒发作"。暴怒发作中的孩子往往不听劝阻，除非家长满足他们的要求，否则会僵持下去。

那么，孩子产生生气情绪的原因有哪些呢？

1.无理取闹

这一般都是比较小的宝宝容易犯的错。起因可能有很多，如孩子不喜欢刷牙，所以每次刷牙的时候，他就故意捣乱或吵闹；孩子不想让父母离开，父母急着去上班，他就是不让；到了商店里，他一定要买和家里一模一样的玩具，不买就大吵大闹；等等。

2.遭遇失败

孩子的心非常简单和单纯，但是也非常脆弱，经不起一点打击。例如，孩子很用心地在拼拼图，但是拼了半天都不成功；或是很努力地搭积木房子，搭得很高的时候，房子突然塌了。孩子觉得自己没有想象当中那么能干，就会情绪低落。

3.要求得不到满足

父母，最令父母尴尬的情形是孩子在公众场所闹别扭。但是父母这时必须让自己先冷静下来，不要大声喝斥他，因为你的干预越多，他的脾气可能越强烈。孩子闹情绪，有时是带点试探性质的，父母表现得越在乎，他可能越是过分。

建议家长先深呼吸，由1数到10，平静自己的情绪，稳定下来再跟孩子说话，这也是给孩子一个调整情绪的时间。孩子见你如此冷静，就可能觉得无趣而收敛了。如果孩子仍然无法冷静，就告诉孩子"我们现在要走"，然后抱走他，等到了无人的场所，就试试等他哭够了自己安静下来。当然，你也可以在安全的前提下，离开他一会儿，孩子"打仗"找不到对手，过一会儿他自己就会感到没有意思，脾气也就止住了。

暴怒发作与孩子的性格有关，但频频发作的原因往往在家长身上。

首先，是家人的溺爱。父亲、母亲或爷爷、奶奶过分疼爱孩子，总怕孩子受委屈，为了博取孩子的欢心，有求必应，而不考虑这种要求是不是适当。这样就逐渐使孩子滋生了一种自我为中心的意识。以自我为中心的孩子无论做什么事，都是以自己的意志为转移，随心所欲，为所欲为。有时，父母觉得孩子的要求过于无理，本不想答应，但孩子一发脾气，就立刻加以满足，这是一种最糟糕的做法。因为孩子会从这样的事情中知道，发脾气是满足愿望和要求的最有效的手段，于是就变得更容易发脾气了，进而形成恶性循环。

其次，是家庭教育缺乏一惯性和一致性。今天禁止的事，明天便鼓励去做，父亲认为是好事，母亲说是坏事，爷爷同意的事情，奶奶偏要阻拦。这样就会增加孩子的受挫感，从而导致烦躁和暴躁。

再次，是父母对孩子要求过分严格。孩子稍有过错，或没有按要求去做，或做得不好，父母就严加训斥甚至把孩子狠狠地揍一顿。这种做法会造成两种不良结果。第一，使孩子感到不满和压抑，这种不满和压抑会在以后的某种场合中表现出来；第二，父母的举动，为孩子提供了一个效仿的榜样，一旦环境适当，孩子也会表现出同样的暴躁和攻击性行为。除此以外，疾病与生理条件也是引发坏脾气的原因之一。神经衰弱的儿童特别容易兴奋、发脾气，处于疾病和疲劳状态中的孩子也常常有烦躁不安、易于发火的表现。

对于容易暴怒发作的孩子，父母平时要加强对他们的心理辅导，当发生不愉快时，要采用活动转移法，让他们在体育游戏或其他活动中宣泄内心的紧张，并为他们树立讲道理、讲礼貌的榜样供；每次发作平息后，要严肃地教育他们，使他们认识到自己的错误。而最好的方法是与孩子制定规矩，让他们学会处理自己的情绪，并且，如果发现孩子在哪一次能克制自己没有发作，应及时予以表扬和奖励。最后，提及一点，家长不要自已经常暴怒发作，摔盆砸碗。

教导孩子掌握几点宣泄怒气的方法

任何人都有坏脾气，孩子也是，作为父母，我们需要帮助孩子找到合适的宣泄坏情绪的方法。儿童心理学专家建议，我们可以与孩子制定规矩，让孩子从以下几个方面宣泄怒气：

1.能量排泄法

对不良情绪所产生的能量可用各种办法加以调整。例如，你可以告诉孩子，当生气和愤怒时，可以到空旷的地方去大喊几声，或者去参加一些重体力劳动，也可以进行比较剧烈的体育活动，跑两圈，扔几个铅球，把心理的能量变为身体上的能量释放出去，气也就顺些了。

俄国大文豪屠格涅夫曾告诫人们：当你暴怒的时候，在开口前把舌头在嘴里转上10圈，怒气也就减了一半。上海百岁老人苏局仙的经验有三条：一是把烦恼的事坚决丢开，不去想它；二是最好和孩子们一块玩一玩，他们的童真会给人带来快乐，消除烦恼；三是照一照镜子，看看自己暴怒的脸有多丑，不如笑笑，我笑，镜中也笑，苦中作它几次乐，怨恨、愁苦、恼怒也就没有了。

2.语言暗示法

达尔文说过："人要是发脾气就等于在人类进步的阶梯上倒退了一步。愤怒是以愚蠢开始，以后悔告终。"

语言是人类特有的高级心理活动，语言暗示对人的心理乃至行为都有着奇妙的作用。当不良情绪要爆发或感到心中十分压抑的时候，可以通过语言的暗示作用，来调整和放松心理上的紧张，使不良情绪得到缓解。

当然，这对于儿童来说有一定的年龄限制。太小的孩子可能无法理解心理暗示的具体含义与操作方法，而对于有一定知识基础的儿童，你可以告诉他："当你将要发怒的时候，可以用语言来暗示自己：'别做蠢事，发怒是无能的表现。发怒既伤自己，又伤别人，还于事无补。'"这样的自我提醒，就会使心情平静一些。

3.环境调节法

大自然的景色能使人扩大胸怀，愉悦身心，陶冶情操。你可以带领孩子到大自然中去走一走，这对于调节人的心理活动有很好的效果。你可以让孩子知道，心绪不好或感到心理压力、郁闷不乐时，千万不要一个人在屋子里生闷气，苦恼自己，而应该走出去，到环境优美、空气宜人的花园、郊外，甚至是农村的田园小路上去走一走，舒缓一下心绪，去除一些烦恼。而且长期处于紧张状态的人，定期到大自然中去放松一下，对于保持身体健康、调解身心紧张大有益处。

4.家长疏导法

情绪受到压抑时，应把心中的苦恼倾诉出来，如果长时间强行压抑不良情绪的外露，会给人的身心健康带来伤害。特别是性格内向的孩子，光靠自我控制、自我调节还远远不够，你可以引导孩子倾诉自己的苦恼，并给孩子以指点。

你可以告诉孩子，有些事情其实并不像他想得那么严重，然而一旦钻进牛角尖，就越急越生气，如果请旁观者指导一下，可能就会豁然开朗。家长的理解、关怀、同情和鼓励，是孩子心理上的极大安慰，尤其是遇到人生的不幸或严重的疾病时，更需要家长的开导和安慰。

5.自我激励法

自我激励是人们精神活动的动力之一，也是保持心理健康的一种方法。

你可以告诉孩子，在遇到不顺心的事而想发脾气之前，要善于用坚定的信念、伟人的言行、生活中榜样、生活的哲理来安慰自己，使自己产生同痛苦做斗争的勇气和力量。

6.创造欢乐法

心绪不佳、烦恼苦闷的人，看周围一切都是暗淡的，看到高兴的事，也笑不起来。这时候如果想办法让他高兴起来，笑起来，一切烦恼就会丢到九霄云外了。笑不仅能去掉烦恼，而且可以调节精神，促进身体健康。

相信以上办法能帮助孩子及时排解内心的坏脾气，能以健康、积极的心态和饱满的情绪重新面对学习和生活！

孩子为什么总和父母对着干

场景一：

在某学校的一次家长会上，很多家长提出，孩子脾气很大，父母的话根本听不进去，甚至还公然和父母对抗。

"儿子越来越不好管了，以前还算听话，现在跟变了一个人似的，老说我唠叨，多说一句就烦我，摔门走开。我为他做了这么多，还不领情！"

"女儿10岁,年前还是个很听话的孩子,过完春节就不行了,学习成绩急剧下降,偷着上网吧,跟不好的孩子玩,作业也不做。我现在处处监督她,可是越管越不听,特逆反,老跟我顶嘴,和我对着干。求她也不是,打又打不得,骂也骂不得。我没招了!"

场景二:

妈妈说:"天冷了,穿上毛裤吧。"

女儿说:"用不着,我不冷。"

妈妈说:"天气预报我刚听过,还能有错吗?"

女儿说:"我这么大了,连冷热都不知道吗?"

妈妈说:"你怎么越大越不听话,还不如小的时候呢?"

女儿说:"你以为我傻呀,真是的。以后少管闲事。"

这样的场景,或许很多家长都遇到过。我们会发现,孩子好像总是故意和自己作对,总和自己唱反调。很多父母感叹:"我让他往东,他就是往西。""我说的话,他就没有听过。"的确,无论多大的孩子都有情绪,而对父母,也有一定程度的逆反心理。逆反心理是指人们为了维护自尊,而对对方的要求采取相反的态度和言行的一种心理状态。

其实,作为父母,我们自身也应该反思,你理解孩子吗?你有真正聆听过孩子的想法吗?孩子有自己的想法,需要做家长的去聆听。有时他的心里没有太大的事情,只是想找个对象倾诉一下,把内心的烦躁说出来,这个时候你的唠叨反而让孩子更加烦躁。

这里说的聆听,是需要你用心去聆听,用心去感受孩子成长的变化,理解他们,以合理地引导孩子。好的教育是让自己的教育方式适应孩子，而不是让孩子来适应你的教育方式。不要以为以前的教育方式就是很正确的，那是因为你的孩子还太小，处于弱势，没有拒绝的权利和抗拒的能力。而随着孩子逐渐长大，他们就敢于对家长说"不"，敢于"抗旨"，而家长也开始变得困惑、生气、抱怨、伤心……

为此，我们可以这样做。

1. "5分钟后再谈"

任何教育方法的前提都需要父母能够控制住自己的情绪。在气头上的父母，怎么会有能力、有智慧运用良好的方法呢？

面对孩子的事情，给自己留5分钟的冷静时间，冷静下来，你会发现其实没什么大不了。孩子都需要父母用耳朵、用心去倾听和理解。

2. 做出一些让步

让步可以在很多时候表明你欣赏孩子的成熟，并且意识到他对更多自由和自主的需求。这里，我们需要明白两点。

（1）可以商榷的。那些不影响学习、不涉及孩子的生活质量和生活习惯的，就是可以商榷的，如睡觉时间、发型、衣服的样式，这些可以商榷，并达成协议。

（2）不可以商量、妥协的。不符合以上原则的，也就是不可以商量、妥协的，如孩子不做作业、抽烟喝酒等，就绝不能妥协。对此，即使孩子因此与你争吵，你也不必害怕破坏与孩子间的关系而一味妥协让步，需要通过规定限度与制定标准来规范孩子的行为。

事实上，即使父母的规矩不多，他们也不会得到孩子的"较高评价"。父母可以通过交流与让步避免强烈的冲突，但是必须制定一些标准,这是让孩子学会自律的主要方式之一。

3.契约法

父母之所以唠叨,孩子之所以发脾气,都是因为在某些问题上没达成一致意见,于是,孩子还是继续挑战父母的极限,他高举着"我长大了,我要……"的大旗。明明规定的是晚上8:30之前回家,但是最近他频频违规,少则9点,多则10点多。面对这样的情况,你会怎样做?对此,我们可以采用契约法。

新学期一开始,星星为了能让唠叨的妈妈"收敛"点,就想出了一个好主意——准备了一份合同。这天,当妈妈又在吃饭时说些老生常谈的话题时,星星把筷子一放,站起来郑重地说:"妈妈,咱们签份合同吧!"

合同是这样的:

(1)以后妈妈不在吃饭时间问女儿的学习情况;作业不会时,妈妈不许发脾气,不许敲桌子,要耐心讲解;周末给女儿放松时间,不能硬性规定必须9点睡觉。

(2)女儿要主动跟妈妈谈心,不乱花钱,不瞒着妈妈做事情,每天洗自己的碗,叠自己的被子。

(3)合同有效期:本学期。母女俩都签了字,然后按照合同行事,很快母女关系消除了紧张。妈妈再也不在吃饭时间问个不停,星星的变化也很明显:不乱花钱买衣服,按时写作业,还承担了扫地的任务。

其实,"契约法"的秘诀就在于:孩子的行为一旦约定俗成,家长就不用三令五申,照章考核孩子的行为就行了。它可以帮助孩子自我观察，建立良好行为，父母省去了许多说教，亲子之间的情绪冲突大大减少，孩子也因此学会了自主管理。

总之，孩子和我们唱反调，我们就要做出教育方法上的调整，该放手时要放手，教会孩子为自己负责，该信任的时候要信任，给孩子锻炼的机会，这样才能让孩子在体验中成长。

第 11 章

定娱乐规矩，让孩子拥有一个快乐的童年

生活中，无论是成人或孩子，除了要工作和学习外，都需要娱乐和休息。尤其是孩子，他们处于成长期，常常在娱乐和游戏中认识自我，因为通过选择决定玩什么或者做什么、和谁一起玩、画什么等，可以逐渐丰富自我概念，并获得身份认同。然而，孩子是缺乏自制力的，如果不加以约束，就有可能沉迷其中。为此，我们需要与之制定规矩，让孩子在学习和玩乐间平衡好，拥有一个健康快乐的童年。

这样和孩子定规矩,孩子不抵触

对孩子的兴趣爱好表示支持

每个孩子都是一粒亟待发芽抽枝、开花结果的种子,也许她是玫瑰花种,将来会绽放绚烂的玫瑰花;也许他是一株小草,将来会焕发出绿色的、倔强的生机……然而有一点不容置疑:孩子天赋的发挥离不开父母对其兴趣爱好的支持和鼓励。

然而,我们却发现,现实生活中,一些父母认为成绩好才是王道,于是,他们把所有精力都放在引导和帮助孩子提高学习成绩上。而事实上,正是因为父母对孩子兴趣爱好的忽略,才导致孩子关上了与父母沟通的心门。

另外,从社会对未来人才的要求来看,真正能在社会上获得很好发展机会的人才,都是具备很好的创新能力的人和全面发展的人,因此,父母不要为了追求短期的效应,让孩子把所有精力都放在学习上而忽视了其他方面的发展。尊重孩子的兴趣,让孩子玩得自主,孩子才会快乐地学习和成长,这才是防止孩子在未来出现短板的最好的教育方法。

具体来说,我们需要做到:

1.尊重孩子的兴趣和爱好

日常生活中,我们应该多给孩子选择的权利,从孩子的兴趣爱好出发，否则可能会事与愿违，严重的还会导致孩子产生厌学情绪，对孩子的生活和学习产生消极影响。在缺乏尊重的家庭环境中，孩子没有自己的意识，丧失独立自主的能力，将来走上社会，也难以适应社会的发展。

作为父母，应该尊重孩子的身心发展规律，在了解孩子兴趣的基础上，和孩子商量，尽量让孩子自己拿主意。这样孩子会感激你的理解，在学习的过程中才会更有积极性。

2.不要把你的兴趣和爱好强加给孩子

这是个性差异使然，很多有所成就的家长都希望孩子能按照自己的兴趣爱好学习，甚至为他规划了人生。生活中这样的例子也是数不胜数：医生的女儿当护士，教授的女儿当老师……

父母总把孩子放在自己的掌心，而孩子却渴望一片自己的天空。这种"独裁"只会把孩子从你身边拉走。中国的家长太喜欢包办代替，操心受累之余还总爱不无委屈地说一句："我什么都替他想到了，能做的我都做了，我容易吗？"可是对于这一"替"，孩子不但不领情，反而加剧了他们的逆反心理，尤其是年纪稍大点的孩子，他们更愿意固守自己的意志而拒绝家长的好心安排。

3.听取孩子的意见

孩子也是独立的个体，童年时期的孩子更是如此，他们更希望从家长那里得到认同，家长不要一味地为孩子做决定，而应该认真耐心听取孩子的意见。

4.家长不要有功利心理,要允许孩子发生兴趣转移

人的兴趣爱好不一定是一成不变的,大人亦是如此,更何况孩子。随着年龄的增长,孩子接触面的拓宽以及自身社会经验的加深,他们的兴趣也可能发生变化,如小时候他喜欢钢琴,而现在却对计算机产生兴趣,而有些父母出于功利心理,不能接受孩子的兴趣转移。例如因为当初给孩子买了钢琴,就不允许孩子的兴趣再发生变化了。这些父母可能强迫孩子天天练琴,直到孩子彻底丧失对弹琴的兴趣。这种做法并不可取。

其实孩子拥有丰富的兴趣对自身发展而言是有利的,父母要鼓励孩子全面发展自己的兴趣,允许孩子的兴趣发生转移。

一个人,如果不能在诸多方面得到发展,在某一项上存在严重漏洞会影响他的人生前途。因此,作为父母,在与孩子沟通的过程中,一定不能只看重孩子的成绩,而应该尊重孩子的兴趣爱好,并支持和鼓励孩子发展自己的兴趣爱好。这不但有利于增进亲子间的关系,也能让孩子得到全面的发展。

带领孩子娱乐,丰富孩子的课余生活

对于孩子来说,他们从学龄期开始,大部分的时间都在学习,而高强度的学习生活让不少孩子感到压力很大,不少孩子玩耍的时间越来越少。对此一些家长认为,孩子的主要任务不就是学习吗?一些家长更

是剥夺了孩子所有的娱乐爱好，长久下去，孩子只会对家长失去信任，不仅会影响亲子关系，对孩子的成长也是不利的。其实，在教育孩子的过程中，重要的是全方位地关注孩子生活、学习中的真正需要，尊重他们，真诚地关心他们，让他们信任你，像朋友一样交往。如果父母能带领孩子娱乐，并且与孩子制定规矩，孩子是能把握好娱乐的度的。

那么具体来说，家长应该怎么做呢？家长要明白的是，父母和孩子之间的关系是长期建立的，因此，丰富孩子的家庭生活需要长期的努力。

1.引导孩子读书

父母往往会把自己的读书兴趣和习惯传递给孩子，孩子会在潜移默化中受到影响。美好的亲子阅读时光和互动，不仅能让孩子自由地发问、思考，而且能增进亲子感情。父母对书中内容的引导也会给孩子留下深刻的印象。

2.让孩子在游戏中学知识

每个孩子都不喜欢枯燥的学习形式，父母和他一起游戏，就能够在欢乐的气氛中把知识传递给孩子。当然，这种方式只适合年龄尚小的孩子，而且游戏也不能是网络游戏。

3.多带孩子出去走走

有人说，读万卷书，不如走万里路。其实，哪一样都很重要。读书是一个持续的过程，而孩子对大自然的欣赏、对民俗风情的理解以及对另一环境里的人的生活状态的认识，都会对孩子未来的生活和职业选择产生影响。

这样和孩子定规矩,
孩子不抵触

4.让孩子学会多探索,多记忆

（1）通过多种方式让孩子探索。孩子的记忆力是超过父母想象的,他们在眼睛看、耳朵听的同时,还在积极思考。所以,父母可以通过各种方式让孩子在知识的海洋中探索。

（2）营造与孩子的亲密时光。孩子越大,越渴望与父母有交流,只是很多父母忽视了孩子的这种需要。

（3）全面看待孩子的"坏"习惯。孩子不是完美的,总是会有这样那样的毛病。例如,喜欢接话茬。如果我们完全禁止他,要他闭嘴,这在一定程度上会影响他的积极性。只有教会他如何正确表达自己的看法,他才会更好地发挥自己的优点。

（4）让孩子努力学习科学文化知识。学习始终是孩子作为一个学生的必要,孩子如果想要进步,想要紧跟时代的步伐,想要超凡脱俗,就必须努力学习。父母对这一点要有个清醒的认识,据此来培育孩子的自主学习能力。

（5）丰富孩子的课余生活。父母可以根据孩子的个性特征,培养孩子的一些爱好,如陪他读书,让他听名家的琴曲。虽说这样不能培养出"琴棋书画"样样精通的孩子,但是这对孩子性格修养、丰富孩子的精神世界和良好的心态都是有益的。

（6）通过各种方式让孩子了解到沉迷游戏和娱乐的危害。家长要明白,把孩子和游戏以及娱乐隔离开,是一种不明智的做法,引导才是正确的。

成长期正是孩子人生观和价值观的形成期,这一时期,孩子好奇心强，自制力弱，极易受到异化思想的冲击。无论何种形式的娱乐都带有趣味性，能帮助孩子成长，但沉溺其中就对孩子的成长极其有害，家长要意识到这个问题。通过丰富孩子的精神世界，让孩子把握好娱乐的度，孩子自然能学会如何自制。

其实，不仅是孩子沉溺于玩乐中，对待孩子成长中的其他问题，也同样是这样。富足孩子的精神世界，才能培养出懂得更多、更自信、更坚强、更聪明、更优秀、更健康的孩子，才能彻底改变他们的不良行为和习惯，从而使他们树立正确的世界观、人生观。

培养孩子对学习的兴趣

当今社会，只有努力学习，才会具备竞争力，孩子也是如此。知识是衡量一个人的素质和修养的重要标准，而具备学习的动力是孩子学好知识的源泉，这种动力很大程度上应理解为学习兴趣。其实，孩子天生是好学的，他们两三岁时总对外界事物充满好奇，只是很多父母曲解了教育的含义，认为给足孩子物质条件，孩子就能学好，而忽视了培养孩子的学习兴趣。

其实，孩子天生乖巧、不顽皮，更愿意主动去学习，所以，很多时候并不需要父母过多的担心。但实际上，现代社会家庭中的出现各种不利于孩子学习的因素，导致了孩子学习怠惰，造成孩子内在的学习兴趣逐渐消失，我们不妨看看面对以下几种情况，家长是怎么做的：

（1）当孩子向父母提问时，很多父母一般把所知的全部告诉孩子。这样做，就会令他们无法体验自己寻找答案的乐趣，因而扼杀了他们的内在学习动机。同时更会让他们养成依赖性，及易放弃的习惯，令他们失去自学能力。

（2）当孩子要求父母帮忙做某些科目的练习，如收集或整理资料时，不少父母都会帮忙，甚至会视为"家长作业"般尽心尽力地完成。然而，孩子却因此失去了一次难得的学习机会。

（3）当孩子被同龄人欺负时，相信很多父母的做法都是替孩子出头，生怕自己的宝贝受到伤害，但其实这样做也是不对的，这会使孩子变得更加依赖父母。这本是一次学习的过程，它可以培养孩子解决问题、保护自己及与人相处等能力。家长不妨按孩子的心智成熟程度，与他们共同讨论应如何面对这种情况。我们要耐心地聆听他们的感受及想法，并鼓励他们从不同角度思考解决方案。

俗话说得好，"天生我材必有用。"培养孩子学习的兴趣，让兴趣这个老师督促孩子学习，孩子必能发挥其最大的潜能学习，并有所建树。而身为父母，应该顺应孩子成长的规律，不应该压抑孩子的好奇心、禁止孩子发问，而要鼓励他们；因为长大后，他就不一定想知道那么多了。父母也应该多带孩子上街，让他们多接触新事物。

父母都希望自己的孩子既能轻松愉快，又能取得好成绩。学习兴趣是推动孩子学习的一种最实际的动力，它能够促使孩子自觉地去学。一般来说，孩子的学习兴趣与他们的学习成绩、学习信心是相辅相成的。他对某门功课有兴趣，学习成绩就会好，学习信心就会足。因此，父母对孩子学习兴趣的培养很重要。如何去培养孩子学习的兴趣呢？

第一，尊重孩子的兴趣。

很多父母认为，教育孩子，就应该让孩子成为一个全能型人才，于是从孩子一入学开始，就千方百计想孩子学得好，懂得多，所以家长把孩子的双休日、节假日都安排得满满的。事实上，孩子多学点东西是好的，家长这个出发点也是好的，但孩子是否喜欢学呢？所以，作为父母，并不在于强迫孩子学这一样，不学那一样，而是应该多给孩子一些自由宽松的空间，让他们自己去选择感兴趣的、喜欢的事。例如，有些孩子并不喜欢弹钢琴，而喜欢动手操作，搞一些小制作。而家长就认为这不应该是孩子的兴趣所在，加以阻止。其实，这也是学习的过程，这样孩子还会学得自觉、开心，况且这样的活动，不仅能使孩子的思维能力得到发展，又能提高他们的动手操作能力。

家长不但不应该阻止孩子，还要根据孩子的这个兴趣特点，为他提供有关的书籍，创造机会让孩子参加一些有益的活动和比赛。许多事实证明，小时候培养的兴趣往往为一生的事业奠定了基础。有些父母对孩子寄托了很大的希望，但他们往往按照自己的主观意志去规定孩子的兴趣，而不是尊重孩子自身的学习兴趣的发展规律培养孩子，这样往往会耽误孩子的发展，因为同样一套教育方式并不是在每个孩子身上都适用。

第二，注意把孩子原有的兴趣与知识学习联系起来，以培养和激发新的兴趣。

学生的天职就是学习，家长应该注意把孩子原有的兴趣与知识学习联系起来，将兴趣引导到学习上来，以培养和激发孩子新的兴趣。

第三，了解孩子的学习能力。

切记千万不能将自己的理想模式强加给孩子，每个孩子都有自己的特点，目标的制订还要因人而异，即使制订训练目标后也应不断调整，使之始终处于理想的模式。

第四，要让孩子有危机感，给他适当的压力。

父母不可能永远庇佑孩子，也不能呵护孩子一辈子，这是一个不可回避而且必须想得清清楚楚的问题。因此，孩子必须努力学习，这种压力也能转换为学习动力，但学习动力的形成，最好不是灌输，要形成自觉。要引导孩子，让孩子自己分析出来。要让孩子对自己成长生活的小环境和大环境有正确清晰的认知，有危机感。关于大环境，大家的一句口头禅就是"现在是竞争社会"。要让孩子明白，面对这个激烈竞争的大环境，是应当热烈响应，并积极参与其中的——要让孩子真心向往竞争。

但要提醒的是，危机感要适度，不能不让孩子有一定的安全感。要有护佑，这护佑当然不是权势和金钱，不是父母的代替，而是父母与他一起努力，一起奔跑前进，是交流和鼓舞带来的信心。

正确的教育造就成功的孩子，父母望子成龙、望女成凤的愿望是可以实现的。培养孩子的学习兴趣，为孩子制定学习和娱乐的规矩，可以让孩子快速提高成绩，也可以减轻自己的负担和压力，具备实力的孩子定能在未来竞争激烈的大环境中出类拔萃！

帮孩子解开网络的束缚

现代社会，互联网已经盛行，互联网在给人们的生活带来方便的同时，也给人们带来一定的毒害，尤其是孩子。事实上，现在的孩子学会上网的年纪越来越小，上网聊天、玩游戏似乎已经成了每日必做的功课。孩子上网无可厚非，但沉迷网络肯定不是什么好事。大部分家长对孩子上网都持否定的态度。其中担心影响学习、结交不良朋友、接触不良信息成为家长反对孩子上网的主要原因。

孩子上网影响学习成绩，是家长普遍担忧的现象。孩子长时间上网，会导致作业无法按时完成，上课质量下降，甚至会过于依赖网络，在网上搜索作业答案，造成独立思考能力下降。未成年学生自制能力差，一旦迷上了上网，便会长时间"寄居"在网上，将大量的时间和精力都投入到网络世界。对此，很多家长头痛不已。看到网络对孩子的种种毒害，不能不引起我们的忧虑：孩子沉迷于网络的原因是什么，我们应该怎么帮助他们？

事实上，造成孩子沉迷网络的主要原因是空虚的家庭生活，这会让孩子试图寻找其他方式来填补自己的精神世界，而沉迷网络就成了他们的首选。

那么，父母该怎样定规矩呢？以下是几点建议。

1.掌握网络知识，不做网盲

家长不懂网络，就不能正确引导孩子上网、督促孩子健康上网。应该注意发现孩子上网中碰到的问题，在上网过程中及时与其交流，一起制订有效的措施。同时家长还可以在电脑上设置防火墙，防止孩子受到不良文化和信息的影响。

2.和孩子一起上网

网络的确可能给孩子的学习带来不良影响，但并不是洪水猛兽，网络的作用不能全盘否定。父母可以和孩子一起上网，这样不仅能起到监督作用，还能共同探讨网络中的很多问题，可谓两全其美。

3.定规矩，合理上网

家长应心平气和地与孩子定一些彼此都接受的规则，如只能进入指定的几个网站；别人推荐的网站须经过家长同意才能进入；要保护自己和家庭，不能在网上留下家里的电话；上网时间不应超过两小时等。

4.孩子有网瘾时，要逐步地帮助孩子戒除

对于孩子的网瘾，父母可以巧妙运用递减法。例如，从原来每天上网6小时改为5小时，再改为4小时，逐步减到每天一两小时，慢慢恢复到正常状态。不能急于求成，想一刀下去斩草除根，要在循序渐进中收到成效。

5.引导孩子利用网络来为生活服务

网络为生活带来的便捷早已毋庸置疑，我们要教会孩子利用网络信息的庞大和快捷，为生活带来方便。例如，当全家要出外旅游时，你可以将查路线、订酒店等任务交给孩子；当你需要某种书籍时，也可以让孩子在网上为你购买。让孩子体会到成就感的同时，还能开阔孩子的视野，培养孩子的生活自理能力。

其实，上网就像上街一样，刚开始，你可以带着孩子，让其注意安全，遵守交通规则。等到他熟悉了基本的路径后，家长就可以松开手，看着孩子操作。只有在孩子形成了良好的上网习惯后，家长才可以轻松地站在孩子的背后！

告诉孩子学习要认真专注，不可三心二意

小波是某中学的理科状元，中考毕业后，市里的记者来采访他。

在校办公室，班主任严老师很开心，她说："小波能够取得这样的好成绩与他的踏实认学有很大的关系。"

严老师说，小波是个非常明事理的孩子。在他人眼里，小波的爱好很少，因为他专注于学习，所以能够取得好成绩。此外，在生活上小波也非常自立，而且非常懂得关心周围的人。

小波的父母也说："小波好静，他很专注于做一件事，这次他考出好成绩，我们为他高兴。"

这里，我们看出，小波之所以能取得好成绩，一个重要的原因就是——学习专注。托马斯·爱迪生曾说过："成功中天分所占的比例不过只有1%，剩下的99%都是勤奋和汗水。"对于孩子来说，在未来社会，他们只有专心致志于一行一业，不腻烦、不焦躁，埋头苦干，不屈服于任何困难，坚持不懈，才能成功。而专注这种品格必须从小培养，从日常的生活和学习中培养。

作为父母，我们也应该深知，专注是一种良好的助人成功的品质，

从现在开始培养孩子的这种品质，他才能在人生路上收获成功。

对于学习阶段的孩子来说，他们最主要的任务是学习，而学习并不是一件轻松的事，浮躁心态是学习的大敌，是学习失败者的亲密朋友。因此，在学习上，要想提高他们的成绩，我们就必须训练他们专注的学习习惯，而其中重要的方法就是为他们制定规矩，具体来说，我们可以这样做：

1.协助孩子拟订做事计划

你可以告诉他，无论是学习还是其他事情，都不要急功近利，而应该先拟订一个切实可行的计划，并努力做好第一步，而后再努力做好第二步，第三步……如此各个击破，最终达到自己的目标。

2.告诉孩子不要同时做两件或两件以上的事

可能你也发现，你的孩子，无论是不是在学习，都把电视开着，或者边玩游戏边学习。试想，这样怎么能集中注意力呢？久而久之，孩子便养成了一心二用的坏习惯。为此，你必须帮他克服这一缺点，学习时就专心学习，玩游戏时就痛快玩游戏。经过一段时间，你会发现，他无论做什么事都专注多了，而最重要的是，效率也提高了很多。

总之，专注、认真是任何人要做好一件事情的前提，如果对什么事情都敷衍了事，草草出兵，草草收兵，必然做不好。然而认真、专注还是一种习惯，要养成专注于学习的习惯，还需要身为父母的我们帮助孩子在平日里培养。

第 12 章

规矩不只是口头协议，更要落到实处

在家庭教育中，制定规矩并不是我们教育的最终目的，如果没有了执行，任何规矩的设定都是毫无意义的。因此，我们在为孩子制定了规矩后，就要告诉孩子规矩要无条件地执行，并且要落实到生活和学习的方方面面。只有这样，规矩才会发挥它应有的效力，帮助孩子提升自制力。

逐步培养孩子的规则意识

规则是我们在日常生活、学习、工作中必须遵守的行为规范和准则。幼儿期是萌生规则意识和形成初步规则的重要时期,著名教育家叶圣陶曾经说过:"教育是什么?往简单方面说只需一句话,就是培养良好的习惯。"而良好的行为习惯建立在良好的规则意识和执行规则的能力上。《幼儿园教育指导纲要》就明确指出:要在共同的生活和活动中,帮助幼儿理解行为规则的必要性,学习遵守规则;对幼儿进行规则意识的培养,帮助他们形成规则意识,也是培养健全人格、适应社会需要的人才的必要环节。

为此,作为家长,我们可以这样培养孩子的规则意识:

1.结合孩子的生活建立常规,帮助孩子培养规则意识

孩子一天的生活当中,上下楼、如厕、盥洗、进餐、午睡等每个环节都离不开规则。培养孩子的规则意识,首先应该让孩子知道,规则存在于我们生活的方方面面,需要我们了解并遵守。由于孩子年龄小,理解能力有限,家长对孩子的教育要细致、要明确、要有耐心,要让孩子在理解的基础上逐步加深印象。只有通过不断地强化、不断地累积,结合严格的要求,才能让孩子做到持之以恒。

2.利用形式多样的游戏，帮助孩子了解各种规则

年幼的孩子的年龄特点决定他们的游戏与学习是分不开的，富有情趣的游戏对孩子有很大的吸引力。幼儿期是一个人身体、智力、情感和社会性飞速发展的时期，由于孩子大部分时间是在幼儿园度过的，因此，在对他们的规则意识的培养中，充分利用各类游戏，将孩子的规则学习与培养有机地融入于孩子的游戏中，可以帮助孩子了解规则，巩固规则。如表演游戏"公共汽车"，孩子扮成年龄、身份不同的乘客，在有情景的社会性游戏中，模仿生活中人们的语言、行动，体验人们对周围事物的感受，实践社会所要求的行为规则。孩子在反复的游戏中会了解乘车的规则与礼仪，并会逐渐把社会的规则要求变成自己的主动行为，进而迁移到生活当中去。在区角游戏中，利用环境暗示法，让环境说话，让环境的设置告诉幼儿参与这个游戏应遵守的规则，如用插卡标志，限定游戏人数；用安静图标，告诉大家要安静等，这种环境暗示没有任何的强制、命令和压抑，可以帮助孩子在轻松愉快的氛围中接受教育。

3.创设环境，营造氛围，帮助孩子巩固增强已有的规则意识

环境对孩子的教育起着潜移默化的作用，这是毋庸置疑的，因此，创设环境，营造氛围也是培养孩子规则意识的策略之一。我们在孩子生活学习的活动室、游戏场、走廊、楼梯根据需要巧妙地利用标志、符号、图片帮助孩子巩固已有常规。如上下楼梯的小脚印，形象地提醒孩子上下楼梯走右边；楼梯转台的不要拥挤的图片，告诉孩子上下楼梯不拥挤；饮水机前的等待线，告诉孩子喝水时不拥挤，要会等待；孩子物

品的摆放标志，告诉孩子物品取放要归位；游戏场上的安全文明游戏图片，提醒孩子玩耍时不奔跑，以及大型玩具的正确玩法……这些标志不仅在无声地提醒孩子，同时，看到这些标志，孩子也会互相提醒，按标志的要求去做，久而久之，在这种潜移默化中，就很好地强化了孩子的规则意识。

4.协助教师设计主题教学活动方案

教学活动是孩子获得知识、情感、技能的重要途径。教师有目的地设计主题教学活动，可以帮助孩子进一步深入理解社会生活中的规则，作为家长，我们要协助教师的这一工作。可以利用录像、图片、故事、诗歌等形式直观、形象、生动地介绍社会生活中的各种规则，让孩子明白，遵守规则是文明的表现，是光荣的，不遵守规则，不仅是不文明的表现，还会给别人造成麻烦，是应该受到大家的谴责的。小朋友不仅要了解社会规则，还要遵守社会规则，同时要监督爸爸妈妈等亲人朋友遵守社会规则。例如交通规则主题活动《马路上》，教师利用拍摄到的视频片段，引导孩子不仅了解了红绿信号灯的作用，知道了过马路时行人要看人行横道信号灯，要走斑马线，而且在看视频中，大家还发现了很多成人的不文明行为：随意闯红灯，随意横穿马路……孩子们在教师的引导下讨论得知，如果人们不遵守交通规则，就会堵车、碰车，甚至发生交通事故，只有人人遵守交通规则，道路才会畅通，大家才会安全。让孩子进一步深入理解了交通规则和我们每个人是息息相关的，遵守交通规则不仅重要，而且尤为必要。

当然，孩子规则意识的培养不是一蹴而就的，需要长期的坚持不懈，需要学校、社会、家庭的共同配合。"播下行为，收获习惯，播下习惯，收获性格。"希望我们的孩子都能全面、健康、快乐地成长。

有规矩，就要有惩罚

前面，我们已经谈到了规矩对于孩子成长的重要性。一个没有规矩意识的孩子，在同别人的交往中会遇到更大的挫折，会严重打击孩子的信心。孩子对于他们成长过程中最初接触到的东西认可度最高。如果你一开始就告诉孩子，规矩是什么，孩子遵守起来没有任何困难；如果你给他的只有自由，没有规矩，以后，你再给孩子树立规矩，孩子会同以前的生活做比较，他们会非常不适应，对你新树立的规矩非常抵触，认为你的要求不一致。而且习惯养成了，再改变很困难。谈到了规矩，就要说到如何制定规矩，以及有了规矩后，相伴而来的惩罚。

有规矩就可能会产生惩罚，目前，更多的家长认可要给孩子鼓励，但鼓励不能取代惩罚，鼓励也不是万能的灵药，不能解决全部的问题。惩戒和鼓励任何时候都是教育的两个不可或缺的重要手段。

惩罚孩子时，有一个很重要的原则是：只针对孩子的错误行为，不扩大化。如果把陈芝麻烂谷子的事都翻出来反复惩罚，抓住不放，那就不是惩罚，而是打击报复了。让孩子明白因为什么而受到惩罚也很重要。孩子总会犯错误，而且孩子越小，越难以分清大人对他的情感与他的错误行为，以及惩罚之间的关系。他会认为是父母不喜欢他了，而心生恐惧。所以要让孩子明白,他受惩罚是因为他的错误行为而不是因为父母不喜欢他了,如果他改正了错误,父母会更喜欢他,这样的惩罚效果会更好。

有效的惩罚还有以下几个重要的条件:

1.明确规矩,让孩子了解什么能做,什么不能做

一定要让孩子知道父母明确的要求是什么,与孩子事先达成共识。如果孩子事先不清楚规则,家长突然惩罚,会让孩子非常委屈。另外,惩罚之前需要对孩子提出警告,给孩子一个改正的机会。

2.惩罚并不是打骂

打骂会对孩子的心理造成损伤吗?答案是:当然!我们不能把自己的失望发泄在孩子身上,更不能当着外人的面打骂或嘲笑孩子。家长应该时刻牢记,自己应该始终给孩子坚强的拥抱,如果以恶劣的态度对待孩子,一来会激发孩子的逆反心理,二来会打击孩子脆弱的心灵,更糟糕的是,孩子还会怀疑家长是否真的爱他。

3.注意时间和场合

惩罚孩子尽量不要在清晨、吃饭时、睡觉前。在清晨批评孩子,可能会破坏孩子一天的好心情;吃饭时批评孩子,会影响孩子的食欲,长此以往会对孩子的身体健康不利;睡觉前批评孩子,会影响孩子的睡眠,不利于孩子的身体发育。

4.冷却自己的情绪

孩子违反规矩,特别是犯了比较大的错或者屡犯不改时,做家长的难免心烦意乱,情绪波动会比较大,很可能会在一时冲动之下对孩子说

出不该说的话，或者做出不该做出的举动，这都可能会对自己和孩子产生极为不良的影响。这时，父母需冷却自己的情绪。

5.一事归一事

在惩罚孩子的时候，我们只要明白自己的批评是为了让他知道，做什么样的事会带来什么样的后果，而不是为了伤害他或给他打上"坏孩子"的标签，这样才不会给孩子造成心理阴影。

6.给孩子申诉的机会

导致孩子犯错的原因是多种多样的，有主观方面的失误，但也有可能是不以孩子的意志为转移的客观原因造成的。从主观方面来说，有可能是有意为之，也有可能是无心所致；有可能是态度问题，也有可能是能力不足；等等。

所以，当孩子犯错后，不要剥夺孩子说话的权利，要给孩子一个申诉的机会，让孩子把自己想说的话和盘托出。这样家长才会对孩子所犯的错误有一个更全面、更清楚的认识，对孩子的批评会更有针对性，也让孩子能心悦诚服地接受自己的批评。

可能很多父母相信棍棒比说教更能让孩子牢记错误，当孩子犯错的时候，便采取严厉的惩罚措施，甚至有体罚，包括打揍、罚站、面壁等。由于体罚总伴随着家长的情绪爆发，容易使孩子产生逆反心理或委屈情绪，甚至导致自信心的丧失，这对于孩子的成长极为不利。其实，"牢记错误"不是重点，"改正错误"才是目的。家长不妨温柔地对待孩子的错误，用正确的方法引导，不仅会让孩子意识到自己的错误，还增强了孩子勇于改正错误的信心和勇气。

执行规矩时，父母绝不可心软

俗话说，没有规矩，不成方圆。小至一个家庭，大至一个国家，概莫如此。道理其实大家都懂，我们也认识到了为孩子立规矩的重要性，可我们的孩子在日常生活中却未必遵守规矩，甚至总在有意无意地漠视规矩。例如，跨栏过街、闯红灯、践踏草坪、插队、乱扔垃圾、随地吐痰、迟到早退、上课玩手机、考试作弊等。所以我们可以说，规矩不在制定，而在执行。作为父母，我们要想合理约束孩子，在执行规矩时就一定不可心软。下面是一位妈妈的心声：

儿子现在3岁了。随着年龄的增长，他越来越有自己的主意了，也越来越不好管，不过对于我定的规矩，我绝不会心软。

那天，儿子就趁我帮奶奶铺床单的时候偷偷溜出去了。当我一路追到小商店后，儿子便望着刚进来的我说："妈妈，宝宝要吃虾条。"

我当时很是生气，急忙问道："你要吃虾条为什么不跟妈妈说呢？自己就来买了，你有钱吗？"

听我这么一说，儿子就开始在身上翻钱了，翻了半天告诉我："没有，妈妈有。"

我抱起他（怕他进去自己拿）说："你出来没跟妈妈说一声，所以奶奶（商店老板）不卖给你虾条。"

儿子委屈地说道："奶奶给，妈妈有钱。"说着还想挣脱我的手。

我依然没有松手，抱着他继续说道："你自己跑出来，妈妈就不给买。现在回家跟奶奶说一声，妈妈再回来给你买。"

儿子还是闹着不肯回家，在我的怀里一个劲地往下拱。商店老板看情形赶紧对我说："别折腾孩子了，孩子小，大了就知道了。"

我当时没有听商店老板的，依然固执地劝儿子跟我走，磨了半天儿子终于很不情愿地跟我走了。一路上我告诉他："你自己跑出来碰到坏人把你带走了，就见不到妈妈了，以后还自己出来吗？"

孩子应声回答道（不知道是不是心里话）："不了。"

就这样，我抱着儿子回家了……

一进家门，儿子便小跑着过去对奶奶说："奶奶，我走了，我出去，我去买虾条了。"

我自然也履行自己的诺言，连门也没进去就又带着孩子返回商店里买虾条了。

再次来到商店里，商店老板不解地问我："大冷的天，你看你这不明摆着折腾孩子吗？"

我忙对那个商店老板说："我不是折腾他，我是想让他长个记性，要不下回他还会犯……"

这里，这位妈妈的教育方法值得很多家长学习，对于已经定下的规矩，父母不可心软，也要告诉孩子，执行规矩没有条件可讲，对此，我们要做到：

1. 告诉孩子给他立规矩的原因

孩子更喜欢自由自在的生活，所以从根本上来说，任何一个规矩对他可能都是一种束缚。其实从情理上来分析，孩子对规矩并不一定都很乐意接受。但是，有些规矩会帮助他更好地规范自己，以避免他走弯路。可以用我们自身来当范例，提醒他如果想要有良好的表现，仅仅靠他自己的力量并不够，规矩对他是一种帮助，并不会伤害到他。

2.提出问题，表达期望，坚定立场

关于规矩要有哪些内容，也要向孩子讲明白。如这个规矩要解决他的什么问题，我们期望他通过遵守规矩的内容实现怎样的进步，如果他不遵守规矩又将受到怎样的惩罚，等等。

这些内容需要征得他的同意，如果他不同意，而这个规矩又必须订立的话，那就只能强制他遵守了。强制，不等于命令，不等于训斥，也不等于吼叫和打骂。在给他讲清楚问题、表达完期望之后，告诉他一声，"必须遵守，没有可商量的余地，妈妈不会害你！我跟你一起遵守这个规矩，我做给你看"。

当我们站在真理一方的时候，我们的强硬就是真正不容置疑的权威，作为家庭后来者的孩子，只要平时不惯着他，不溺爱他，不对他过度保护、包办代替，他是会分得清轻重缓急的，所以不必担心孩子接受不了，他表现出的所谓接受不了，只是在做最后的"权益争取"。一个人真正掌握了真理，他就有了自信，就有了天然的权威，我们就要做这样的人。

不要在孩子面前唯唯诺诺，跟他商量来商量去，半天过去，只要没有让他满意，什么都商量不成。有时候，害孩子的恰恰是"商量"。所以，即使孩子有哭闹耍赖等行为，父母也应该坚定立场不妥协，这时就会发现，孩子同意了。因为他也能感受到父母的爱，是真正的爱，而不是惯着他的害。

规矩就是边界，边界就是对他的保护和爱，我们一定要非常清楚地明白这一点，不被孩子牵着走，不被自己的情绪（好情绪就乐半天，怎样都行；坏情绪就对孩子大吼大叫，怎样都不行）牵着走，做理性、自信、正己的好家长。

3.将立的规矩放在明显的位置供全家参照监督

等到规矩立好了，可以把具体内容贴在墙上，孩子和我们都能看到。一方面是监督孩子，另一方面我们也可以对照上面的某些条款及时调整自己。假如某些问题存在分歧，这个规矩可以成为最好的参照。

规矩一旦立好了，就要认真执行，不能光摆着好看，它真正的作用是督促孩子行动起来。这一点，在立规矩之前也要好好考虑，因为孩子对规矩的执行情况可能会呈一个曲线状态：最开始是高涨的，接着慢慢下降，然后在我们的几次督促下可能有一两个小的高潮，接着便又会趋于下降，甚至一路走低，直至再也不动。这种情况要提前预知。

"牢记错误"不是重点，"改正错误"才是目的

人类的学习过程自古至今都遵循这样一条规律：错误、学习、尝试、纠正。在这个不断循环的过程中，人类得以成长。我们教育孩子、为孩子制定规矩，也是这一目的。如果在规矩确立后我们的孩子依然犯了错，我们不要动不动就惩罚，这不是目的，目的是让孩子认识错误并不再犯，让他在错误中得到真理，得到正确的做事方法。而作为父母，

如果把错误这个源头彻底消灭，那么你的孩子也不会有成长，还会打击孩子的自信心。

作为父母，我们要允许孩子犯错，让他在不断地犯错过程中积极主动地去探索、去学习。另外，犯错误可能是孩子不专心、没耐心、能力不够引起的，父母都应该温柔地对待，应该耐心地支持和辅导他改正错误，绝不要横加指责，否则很容易导致孩子产生自卑感。

那么，家长在面对孩子犯错的时候，应该怎么做呢？

1.做孩子的知心朋友，听听他的心里话

每个孩子都希望自己有一个可以交心的好朋友，能够在自己迷茫的时候给自己指点，在自己不高兴的时候静静地坐在自己的身边聆听，能在自己犯错的时候为自己指出问题的焦点。但很多情况下，孩子的这位知己并不是父母，因为他们放不下作为家长的威严，很多孩子知道这一点，所以他们如果有了心事，宁愿找自己的朋友去倾诉，也不愿意告诉父母。不是孩子不愿意把父母当作知己，而是父母首先没有做孩子知己的意识。

所以，父母不妨放下架子，平等对待孩子。英国教育家斯宾塞说："沟通不是在任何人之间都能实现的。父母只有放下架子，做孩子的知心朋友，才能实现最成功的沟通。"

2.让孩子为自己的错误付出一点代价

孩子犯错总是在所难免，每当孩子闯下大大小小的祸，作为警醒或教训，家长都会对孩子进行一定的惩罚。但惩罚仅仅是打和骂那么简单吗？怎样的教训才会收到理想效果？惩罚有些什么方式？惩罚的"度"

在哪里？惩罚过后，面对孩子的情绪，家长又该如何做好善后工作？

每个人犯错都是要付出代价的，如果没有因为相应的错误受到惩罚，那么错误很可能会延续下去。生活中，很多父母看到孩子犯错以后，会马上帮他纠正。这样做可能孩子会意识到自己的错误，但印象并不深刻，从而导致错误一再出现。

老刘的女儿第二天要出去郊游。这晚上，老刘就对只顾看电视的女儿说："女儿啊，先别看电视了，准备准备明天去郊游的东西吧，否则明天早晨又要手忙脚乱了。"女儿一边嗑瓜子，一边说："爸爸你可真啰唆，我这么大了，会照顾好自己的，东西都准备好了。"老刘就没再说什么，可是发现女儿换洗的袜子没带，帽子也没装进包里。老刘的妻子正要帮女儿收拾，老刘却制止了她。

女儿郊游回来后，老刘问："玩得怎么样啊？"女儿说："很好啊。就是没换洗的袜子穿，天气太热了，帽子也忘带了，我都晒黑了，下次可不能再这么丢三落四了。"

老刘是位很聪明的父亲。他阻止了妻子的行为，就是要让女儿为自己犯的错误付出一点儿代价。如果妻子帮她准备好了，女儿依旧是一副没记性的样子，并且她还会产生依赖心理：我没准备好没关系，还有我老妈帮我弄呢。所以，要想让孩子对自己的错误记忆深刻，不再犯类似的错误，不妨让他吃点苦头。

参考文献

[1]任丹阳.如何给孩子定规矩，孩子才会听[M].北京：中国妇女出版社，2013.

[2]何艳娟.妈妈这样定规矩，孩子最有自控力[M].天津：天津人民出版社，2014.

[3][美]乔治·M.卡帕卡.这样跟孩子定规矩，孩子最不会抵触[M].北京：北京联合出版社，2012.

[4]汲红.犹太人这样给孩子定规矩[M].北京：台海出版社，2016.

[5]邢东.好规矩胜过好爸爸[M].北京：台海出版社，2014.